漢字検定

1級
準1級

高橋書店

目次

日本漢字能力検定とは

「日本漢字能力検定」は「日本漢字能力検定協会」実施の認知度の高い検定試験です。大学受験や入社試験でも評価するところが多いとあって、毎年多くの人が受験しています。試験概要は次のとおりです。

●受検資格

希望者は年齢を問わずだれでも受検できます。また、検定時間が異なれば最高4つの級まで受検できます。

●受検会場

国内および海外の主要都市に受検地（公開会場）を設置して、毎年定期的に行われます。

●検定試験実施日（1～10級）

	検定日	申し込み受付期間
第1回	6月中の日曜日	試験日の約3カ月前から約1カ月前まで
第2回	10月中の日曜日	
第3回	翌年1月または2月中の日曜日	

〈注意事項〉
・受付締め切り日を厳守のこと。
・締め切り日以後に到着したものは受け付けられない。

●検定時間

受検級	実施時間 10:00～11:00	11:50～12:30	11:50～12:50	13:40～14:40	15:30～16:30
1級				●	
準1級					●
2級	●				
準2級			●		
3級				●	
4級					●
5級				●	
6級					●
7級				●	
8級		●			
9級		●			
10級		●			

●検定料（税込み）

受検級	検定料
1級	5,000円
準1級	4,500円
2級	3,500円
準2級・3級・4級	2,500円
5級・6級・7級	2,000円
8級・9級・10級	1,500円

おもな申し込み方法　※個人受検は左記から選べる

インターネット

パソコンサイトか携帯サイトで申し込み、クレジットカードやコンビニエンスストアなどで決済する。

コンビニエンスストア

「ローソン」(Loppi)、「ミニストップ」(MINISTOP Loppi)、「セブン-イレブン」(マルチコピー)、「ファミリーマート」(Famiポート)、サークルKサンクス(カルワザステーション)で申し込む。

取扱書店

全国の「漢字検定」取扱書店で申し込む。

▶書店で検定料を支払い、願書と書店払込証書を協会へ送付する。

〈注意事項〉

・希望会場が満員のときは先着順となるので、最寄りの他地区へ変更する場合がある。

・受検票は検定日の約1週間前に到着するよう送られてくる。3日前になっても届かない場合は、協会本部へ問い合わせる。

合否の基準

受検級	合格基準
1級	200点満点 80%程度
準1級	200点満点 80%程度
2級	200点満点 80%程度
準2級	200点満点 70%程度
3級	200点満点 70%程度
4級	200点満点 70%程度
5級	200点満点 70%程度
6級	200点満点 70%程度
7級	200点満点 70%程度
8級	150点満点 80%程度
9級	150点満点 80%程度
10級	150点満点 80%程度

合否通知

検定実施後40日を目安に合格者には合格証書・合格証明書、受検者全員には検定結果通知を郵送します。

※受検票は合否通知が届くまで大切に保管する

公益財団法人 日本漢字能力検定協会

本部

〒600-8585　京都市下京区烏丸通松原下る五条烏丸町398

TEL(075)352-8300　FAX(075)352-8310

東京事務局

〒100-0004　東京都千代田区大手町2-1-1大手町野村ビル

TEL(03)5205-0333　FAX(03)5205-0331

●フリーダイヤル 0120-509-315

(土・日・祝日・年末年始を除く9時～17時)

※検定日とその前日にあたる土、日は窓口を開設

※検定日と申し込み締切日は9時～18時

※実施要項、申し込み方法は変わる場合があります。

本書の特長と使い方

本書は、日本漢字能力検定「準1級」および「1級」の合格を目指す受検者のための問題集です。検定試験において過去に出題された問題を分析し、協会規定の出題範囲、出題形式に準拠・対応する形で構成されています。

ステップアップ式のジャンル別対策問題

1 出題される問題をジャンル別に分類

実際の出題形式の問題を「読み」「書き」「誤字訂正」「語選択」などのジャンル別に分類。試験形式に慣れながら学習で本番に強くなる実力がつきます。

2 1ジャンル3つのステップでレベルアップ！

各ジャンルで3段階にステップアップできるようになっています。自分のレベルをしっかり把握しながら確実に、レベルアップしていきましょう。

3 チェックボックスのついたドリル形式

間違えた問題が一目でわかるチェックボックスがついています。苦手な問題を分析し、繰り返し解いて克服するのに便利です。すべて解けるようになるまで何度も練習しましょう。

6回分の模擬試験

準1級、1級それぞれ3回分、計6回分の模擬試験を収録！実戦さながらの問題で実力チェックしてください。合格点160点（200点満点中）を目指して頑張りましょう。

直前対策にも役立つ資料編

本書では受検に役立つ資料を以下のように豊富に用意しました。

1 準1級新出漢字一覧
2 準1級 熟語と一字訓の読み 頻出262問
3 1級配当漢字 頻出800

第 1 章

ジャンル別対策問題

ステップ1
準1級の漢字

ステップ2
準1級の漢字
1級の漢字

ステップ3
1級の漢字

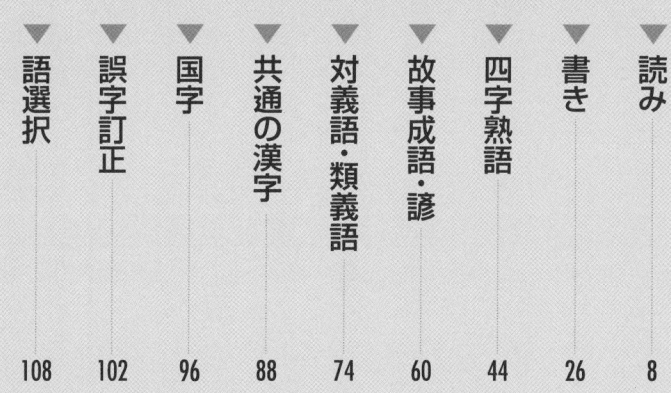

読み

ステップ 1 準1級の漢字

▼最初は間違えても答えを書き切ろう！
▼熟字の読める方の字、前後の文もヒントに！

学習日

解答 P13

1 次の傍線部の読みをひらがなで記せ。ただし1～30は音読み、31～48は訓読みとする。

1 就職先を斡旋する。
2 陶芸に造詣が深い。
3 今春から高校で教鞭をとる。
4 堰堤沿いの桜が美しい。
5 親の庇護を受ける。
6 人格を陶冶する。
7 罫紙を渡される。
8 斯界の権威に聞く。
9 潮汐を観察する。
10 あまりにも凄惨な事件。
11 権利を剥奪する。
12 彼岸と此岸。
13 管理体制が杜撰だ。
14 祖母の縫った半纏。
15 部下が離叛する。
16 呂律が回らない。
17 塵界を避けて隠居する。
18 体を弛緩させる。
19 思惟にとらわれる。
20 彼は憧憬の的だった。

21 ナポレオンの戴冠。
22 托鉢僧に会う。
23 費用を捻出する。
24 脊椎を痛める。
25 大雨で川が氾濫する。
26 灌木が多い地域。
27 血統の良い牝馬。
28 瓢箪が実った。
29 矩形波を発する。
30 著者畢生の大作。
31 昔聞いた御伽話。
32 彼を蔑ろにする。
33 考えに耽る。
34 手伝いを傭う。

35 湯浴みをして着替える。
36 脇から掠める。
37 幼い妹を庇う。
38 虻蜂取らず。
39 単調な生活に厭きる。
40 筏で川を下る。
41 砧を打つ。
42 罪の意識に苛まれる。
43 他人から誹りを受ける。
44 寺に籠もる。
45 鹿毛の三歳馬。
46 気が昂る。
47 古い菅笠。
48 包囲の薄いところを衝く。

2 次の傍線部の読み（すべて訓読み）を記せ。ただしこれらは常用漢字であるが、その表外の読みとする。

1 約束を違える。
2 衣川の館。
3 挙って参加する。
4 進退谷まる。
5 娘を妻わせる。
6 絵筆を揮う。
7 古式に則る。
8 具に調べる。
9 勉学に勤しむ。
10 舟が傾いだ。
11 寝床を設える。
12 態と負ける。
13 暮れ泥む町。
14 こけつ転びつ。
15 階を上る。
16 鈍色の衣。
17 池の畔に佇む。
18 偏に努力の賜物です。
19 忙しなく暮らす。
20 万ひき受けます。
21 劇しい口調。
22 気分が解れる。
23 私かに心を通じる。
24 散で売る。
25 固より覚悟の上。

3 次の熟語の読みと、内一字の訓読みを下の送りがなに注意して記せ。

1 夙夜（　） 夙（　）に
2 漏洩（　） 洩（　）らす
3 潰滅（　） 潰（　）える
4 籠絡（　） 籠（　）める
5 蔓延（　） 蔓（　）る
6 醱酵（　） 醱（　）す
7 永訣（　） 訣（　）れる
8 鞦帯（　） 鞦（　）やか
9 些細（　） 些（　）か
10 叩頭（　） 叩（　）える
11 咽喉（　） 咽（　）ぶ
12 惣菜（　） 惣（　）て
13 云云（　） 云（　）う
14 穿孔（　） 穿（　）つ
15 甜瓜（　） 甜（　）い
16 痩軀（　） 痩（　）い
17 倶楽部（　） 倶（　）に
18 僻地（　） 僻（　）る
19 兇悪（　） 兇（　）い
20 冥界（　） 冥（　）い
21 凄惨（　） 凄（　）い
22 凌駕（　） 凌（　）ぐ
23 投函（　） 函（　）れる
24 剝離（　） 剝（　）ぐ
25 億劫（　） 劫（　）かす
26 勃発（　） 勃（　）かに

4 次の熟語の読みと、内一字の訓読みを下の送りがなに注意して記せ。

1 厭戦 （　　） 厭（　　）う
2 叛旗 （　　） 叛（　　）く
3 叡智 （　　） 叡（　　）い
4 呆然 （　　） 呆（　　）れる
5 喬木 （　　） 喬（　　）い
6 喧騒 （　　） 喧（　　）しい
7 坦坦 （　　） 坦（　　）ら
8 堆朱 （　　） 堆（　　）い
9 脳梗塞 （　　） 塞（　　）ぐ
10 補塡 （　　） 塡（　　）める
11 外套 （　　） 套（　　）ねる
12 妖女 （　　） 妖（　　）かしい

13 嫉妬 （　　） 妬（　　）く
14 寓話 （　　） 寓（　　）せる
15 寵児 （　　） 寵（　　）む
16 険阻 （　　） 阻（　　）つ
17 廻遊 （　　） 廻（　　）す
18 粗忽 （　　） 忽（　　）せ
19 怨恨 （　　） 怨（　　）む
20 卑怯 （　　） 怯（　　）える
21 恢復 （　　） 恢（　　）きい
22 恰好 （　　） 恰（　　）も
23 寛恕 （　　） 恕（　　）る
24 悉皆屋 （　　） 悉（　　）く
25 思惟 （　　） 惟（　　）う
26 破綻 （　　） 綻（　　）び

解答 読み

ステップ1

P8～12

1

1 あっせん
2 ぞうけい
3 きょうべん
4 えんてい
5 ひご
6 とうや
7 けいし
8 しかい
9 ちょうせき
10 せいさん
11 はくだつ
12 しがん
13 ずさん
14 はんてん
15 りはん
16 ろれつ
17 じんかい
18 しかん
19 しい
20 しょうけい（どうけい）
21 たいかん
22 たくはつ
23 ねんしゅつ
24 せきつい
25 はんらん
26 かんぼく
27 ひんば
28 ひょうたん
29 くけい
30 ひっせい
31 おとぎ
32 ないがし
33 ふけ
34 やと
35 ゆあ
36 かす
37 かば
38 あぶはち
39 あ
40 いかだ
41 きぬた
42 さいな
43 そし
44 こ
45 かげ
46 たかぶ
47 すげがさ
48 つ

2

1 たが
2 たて
3 こぞ
4 きわ
5 めあ
6 ふる
7 のっと
8 つぶさ
9 いそ
10 かし
11 しつら
12 わざ
13 なず
14 まろ
15 きざはし
16 にびいろ
17 ほとり
18 ひとえ
19 せわ
20 よろず
21 はげ
22 ほぐ
23 ひそ
24 ばら
25 もと

3

1 しゅくや　つと-に
2 ろうえい　も-らす
3 かいめつ　つい-える
4 ろうらく　こ-める
5 まんえん　はびこ-る
6 はっこう　かも-す
7 えいけつ　わか-れる
8 じんたい　しな-やか
9 ささい　いささ-か
10 こうとう　ひか-える
11 いんこう　むせ-ぶ
12 そうざい　すべ-て
13 うんぬん　い-う
14 せんこう　うが-つ
15 てんか　あま-い（うま-い）
16 そうく　ほそ-い
17 くらぶ　とも-に
18 へきち　かたよ-る
19 きょうあく　わる-い
20 めいかい　くら-い
21 せいさん　すご-い
22 りょうが　しの-ぐ
23 とうかん　い-れる
24 はくり　は-ぐ
25 おっくう　おびや-かす
26 ぼっぱつ　にわ-かに

4

1 えんせん　いと-う
2 はんき　そむ-く
3 えいち　かしこ-い
4 ぼうぜん　あき-れる
5 きょうぼく　たか-い
6 けんそう　かまびす-しい（やかま-しい）
7 たんたん　たい-ら
8 ついしゅ　うずたか-い
9 のうこうそく　ふさ-ぐ
10 ほてん　うず-める
11 がいとう　かさ-ねる
12 ようじょ　なまめ-かしい
13 しっと　や-く
14 ぐうわ　よ-せる
15 ちょうじ　めぐ-む
16 けんそ　そばだ-つ
17 かいゆう　まわ-す
18 そこつ　ゆるが-せ
19 えんこん　うら-む
20 ひきょう　おび-える
21 かいふく　おお-きい
22 かっこう　あたか-も
23 かんじょ　おもいや-る
24 しっかいや　ことごと-く
25 しい　おも-う
26 はたん　ほころ-び

読み

ステップ2 準1級・1級の漢字

▼嘩＝口＋華のようにバラして考える！
▼どんな場面で使うか文例ごと覚える！

学習日

解答 P19

1 次の傍線部の読みをひらがなで記せ。ただし 1～10は音読み、11～20は訓読みとする。

1 道端で喧嘩する。
2 旧套を固持する。
3 時代の趨勢。
4 歯科医院で歯垢を取る。
5 誤謬を正す。
6 雑駁な知識。
7 閉塞した時代。
8 壕舎の跡が見つかる。
9 祁山の攻略に失敗する。
10 隙をつかれて狼狽する。
11 穿った見方をする。
12 危険に身を曝す。
13 河面に姿が映る。
14 風船が凋む。
15 裾が綻ぶ。
16 仲睦まじい夫婦。
17 泣く子を宥める。
18 腫れ物に触る。
19 薄物を身に纏う。
20 軒下に氷柱ができる。

2 次の傍線部の読みをひらがなで記せ。ただし1～12は音読み、13～26は訓読みとする。

1 曖昧な返事をする。
2 嬌声をあげる。
3 人権蹂躙。
4 慇懃な態度をとる。
5 演繹的に考える。
6 彼は真摯な人だ。
7 蒼茫たる大海。
8 彼は吝嗇だ。
9 寂寥とした眺め。
10 他人を揶揄する。
11 魚の燻製。
12 渺漠とした砂漠。

13 絵の具が滲む。
14 髪を梳く。
15 軽く焙る。
16 目が眩むほどの宝石。
17 棘の道。
18 若さが漲る。
19 命を抛つ。
20 リンゴの芯を抉る。
21 目を瞠る。
22 罵りの言葉。
23 引き戸が軋る。
24 痼けをおこす。
25 口を漱ぐ。
26 理屈を捏ねる。

3 次の傍線部の読み（すべて訓読み）を記せ。ただしこれらは常用漢字であるが、その表外の読みとする。

1 雨に煙る風景。
2 不思議な縁。
3 猿のごとく奔る。
4 風呂が温い。
5 暇を告げる。
6 細く括れた腰。
7 花の顔。
8 子供の戯言。
9 擬い物をつかまされる。
10 強かな悪人。
11 視線を逸らす。
12 曲尺ではかる。
13 地面に屈む。
14 賢しらに振る舞う。
15 子供が燥ぐ。
16 夜の帳がおりる。
17 陸路を行く。
18 努疑うなかれ。
19 書を能くする。
20 秘密を発く。
21 妹背の契り。
22 敵を誘き寄せる。
23 失敗が身に徹える。
24 例がない。
25 魂送りの火。

4 次の傍線部の読み（すべて訓読み）を記せ。ただしこれらは常用漢字であるが、その表外の読みとする。

1 古くからの俗わし。
2 社内会議で評る。
3 体が麻れる。
4 涙が零れる。
5 月と六片。
6 予て約束した事柄。
7 肴を撮む。
8 親に事える。
9 小鳥を番いで飼う。
10 大根を斜に切る。
11 終に成功した。

5 次の熟語の読みと、内一字の訓読みを下の送りがなに注意して記せ。

	熟語		訓読み
1	恰幅	恰	も
2	稀有	稀	ら
3	諦観	諦	らか
4	冥土	冥	い
5	勾配	勾	がる
6	匪賊	匪	ず
7	叡智	叡	い
8	坐視	坐	ら
9	妖気	妖	い
10	婁宿	婁	ぐ
11	永劫	劫	める
12	吃舌	吃	る

6 次のA（動物名）、B（植物名）、C（鳥の名）の読みを記せ。

A

1 河豚［　　］
2 家猪［　　］
3 土竜［　　］
4 海猟［　　］

B

1 辛夷［　　］
2 甘蕉［　　］
3 鬼灯［　　］
4 羊歯［　　］

C

1 百舌［　　］
2 水鶏［　　］
3 小雀［　　］
4 雲雀［　　］

7 次の動物名1～12はひらがなで、外国の国名・地名13～24はカタカナで記せ。

1 熊猫［　　］
2 子規［　　］
3 海鼠［　　］
4 馴鹿［　　］
5 水蚤［　　］
6 春告鳥［　　］
7 青魚［　　］
8 鵞鳥［　　］
9 年魚［　　］
10 雨虎［　　］
11 泥鰌［　　］
12 羊駝［　　］
13 白耳義［　　］
14 寿府［　　］
15 錫蘭［　　］
16 新西蘭［　　］
17 越南［　　］
18 孟買［　　］
19 加州［　　］
20 澳門［　　］
21 瑞西［　　］
22 布哇［　　］
23 西班牙［　　］
24 墨西哥［　　］

解答と解説 読み ステップ2

P14～18

1

1 けんか
2 きゅうとう
3 すうせい
4 しこう
5 ごびゅう
6 ざっぱく
7 へいそく
8 ごうしゃ
9 きざん
10 ろうばい
11 うが
12 さら
13 かわも
14 しぼ
15 ほころ
16 むつ
17 なだ
18 は
19 まと
20 つらら

2

1 あいまい
2 きょうせい
3 じゅうりん
4 いんぎん
5 えんえき
6 しんし
7 そうぼう
8 りんしょく
9 せきりょう
10 やゆ
11 くんせい
12 びょうばく
13 にじ
14 す
15 あぶ
16 くら
17 いばら
18 みなぎ
19 なげう
20 えぐ
21 みは
22 ののし
23 きし
24 ひきつ
25 すす
26 こ

3

1 けぶ
2 えにし
3 ましら
4 ぬる・ぬく
5 いとま
6 くび
7 かんばせ
8 たわ・ざれ
9 まが
10 したた
11 そ
12 かね
13 かが
14 さか
15 はしゃ
16 とばり
17 くが
18 ゆめ
19 よ
20 あば
21 いもせ
22 おび
23 こた
24 ためし
25 たま

4

1 なら
2 はか
3 しび
4 こぼ
5 ペンス
6 かね
7 つま
8 つか
9 つが
10 はす
11 つい
12 きつぜつ　ども-る

5

1 かっぷく　あたか-も
2 けう　まば-ら
3 ていかん　つまび-らか
4 めいど　くら-い
5 こうばい　ま-がる
6 ひぞく　あら-ず
7 えいち　かしこ-い
8 ざし　いなが-ら
9 ようき　わざわ-い
10 ろうしゅく　つな-ぐ
11 えいごう　かす-める

6

A 1 ふぐ　2 ぶた　3 もぐら　4 らっこ
B 1 こぶし　2 バナナ　3 ほおずき　4 しだ
C 1 もず　2 くいな　3 こがら　4 ひばり

7

1 ぱんだ
2 ほととぎす
3 なまこ
4 となかい
5 みじんこ
6 はるつげどり
7 さば
8 ひわ
9 あゆ
10 あめふらし
11 どじょう
12 らま
13 ベルギー
14 ジュネーブ
15 セイロン
16 ニュージーランド
17 ベトナム
18 ボンベイ
19 カリフォルニア
20 マカオ
21 スイス
22 ハワイ
23 スペイン
24 メキシコ

ランクアップ

1 9 祁山＝中国・西礼県の山。『三国志』の軍師、諸葛亮孔明が六度にわたり魏《ぎ》を攻撃した古戦場として有名。

2 5 演繹＝一般的な前提から論理によって個別の結論を導き出すこと。対義語は「帰納」。

読み

ステップ3 1級の漢字

▼読めなかった字は書いてみて覚え込む！
▼意外な読みはかえって覚えやすい！

学習日

解答 P25

1 次の傍線部の読みをひらがなで記せ。ただしすべて音読みとする。

1 撥水加工のスーツ。
2 山野を跋渉する。
3 鋭い双眸。
4 謦咳に接する。
5 兌換紙幣。
6 泥水を濾過する。
7 彼はまるで女衒だ。
8 繁縟な手紙。
9 土産の羊羹。
10 彼は木訥な人だ。
11 アペレスの誹謗。
12 自分の権利を放擲する。
13 目的地へと驀進する。
14 ひどい落魄ぶり。
15 上司に阿諛する。
16 頽廃的な小説。
17 この辺りは島嶼が多い。
18 忸怩たるものがある。
19 君をもって嚆矢とする。
20 辺鄙な場所だ。

2 次の傍線部の読みをひらがなで記せ。ただしすべて訓読みとする。

1 箍がゆるんでいる。

2 水の入った甕。

3 お祝いに粽を食べた。

4 膠でつぎ合わせる。

5 井戸を浚う。

6 胸が疼く。

7 膾が自慢料理だ。

8 段差に躓いた。

9 今後の研究に俟つ。

10 カラスが塒へ帰る。

11 攻撃を躱す。

12 真夏と雖も働く。

13 強いほうに靡く。

14 朦げな記憶。

15 まぶしく燿く。

16 襞の多い服。

17 鎬をけずる。

18 曰く付きの代物。

19 鏝をあてる。

20 雨が霙に変わった。

21 春を鬻ぐ。

22 鑿を打ち込む。

23 痼ができる。

24 聴衆が犇く。

25 雹による被害。

26 新たに出土した鏃。

3 次の傍線部の読み（すべて訓読み）を記せ。ただしこれらは常用漢字であるが、その表外の読みとする。

1 郭通いを続ける。……（　）
2 哀れと思しめす。……（　）
3 健かに酔う。……（　）
4 噓から出た実。……（　）
5 才と美を兼せ持つ。……（　）
6 大任をやり果せる。……（　）
7 言葉寡ない人。……（　）
8 確と約束する。……（　）
9 突支棒をたてる。……（　）
10 邪な考えを抱く。……（　）
11 よく熟れた文章。……（　）
12 子は家の財。……（　）
13 風に戦ぐ葦。……（　）
14 漸く到着する。……（　）
15 気が狂れる。……（　）
16 土を均す。……（　）
17 好を結ぶ。……（　）
18 店卸しをする。……（　）
19 手紙を認める。……（　）
20 凡そ意味がない。……（　）
21 一枚の雪。……（　）
22 労を労う。……（　）
23 生さぬ仲。……（　）
24 噂に差わぬ人。……（　）
25 大軍を帥いる。……（　）

4 次の熟語の読みと、内一字の訓読みを下の送りがなに注意して記せ。

1 泥濘 （　） 濘（　）る
2 眈眈 （　） 眈（　）む
3 矮生 （　） 矮（　）い
4 歇息 （　） 歇（　）む
5 皓夜 （　） 皓（　）い
6 蹙眉 （　） 蹙（　）る
7 翕如 （　） 翕（　）る
8 潭水 （　） 潭（　）い
9 切磋 （　） 磋（　）く
10 緘口 （　） 緘（　）じる
11 聒耳 （　） 聒（　）か
12 静謐 （　） 謐（　）らか

5 次のA（動物名）、B（植物名）の読みを記せ。

A

1 海象 （　）
2 栗鼠 （　）
3 馬陸 （　）
4 蛤仔 （　）
5 虎魚 （　）
6 鶏魚 （　）
7 田螺 （　）
8 海栗 （　）

B

1 木通 （　）
2 小竹 （　）
3 独活 （　）
4 蘇鉄 （　）
5 糸瓜 （　）
6 占地 （　）
7 水雲 （　）
8 蕃茄 （　）

6 次の熟語の読みをひらがなで記せ。ただし常用漢字は表外読みとする。

1 時化（　）
2 木霊（　）
3 独楽（　）
4 灰汁（　）
5 苦汁（　）
6 心太（　）
7 洋琴（　）
8 十六夜（　）
9 痘痕（　）
10 乱吹（　）
11 飛白（　）
12 洋巾（　）
13 団栗（　）
14 後朝（　）
15 洋盃（　）
16 香具師（　）
17 涅槃（　）
18 強面（　）
19 御内儀（　）
20 雀斑（　）
21 蒸籠（　）
22 薬師（　）
23 鍍金（　）
24 鞦韆（　）

7 次の外国の地名・国名の読みを□の中から選び、記号で記せ。

1 愛蘭（　）
2 西蔵（　）
3 亜爾然丁（　）
4 華盛頓（　）
5 西比利亜（　）
6 蘇格蘭（　）
7 葡萄牙（　）
8 洪牙利（　）
9 芬蘭（　）
10 羅府（　）

ア．ロサンゼルス
イ．ハンガリー
ウ．シベリア
エ．スコットランド
オ．チベット
カ．アルゼンチン
キ．ポルトガル
ク．ワシントン
ケ．フィンランド
コ．アイルランド

解答と解説 読み

ステップ3

P20～24

1

1 はっすい
2 ばっしょう
3 そうぼう
4 けいがい
5 だかん
6 ろか
7 ぜげん
8 はんじょく
9 ようかん
10 ぼくとつ
11 ひぼう
12 ほうてき
13 ばくしん
14 らくはく
15 あゆ
16 たいはい
17 とうしょ
18 じくじ
19 こうし
20 へんぴ

2

1 たが
2 かめ
3 ちまき
4 にかわ
5 さら
6 うず
7 なます
8 つまず
9 ま
10 ねぐら
11 かわ
12 いえど
13 なび
14 おぼろ
15 かがや
16 ひだ
17 しのぎ
18 いわ
19 こて
20 みぞれ
21 ひさ
22 のみ
23 しこり
24 ひしめ
25 ひょう
26 やじり

3

1 くるわ
2 おぼ
3 したた
4 まこと
5 あわ
6 おお
7 すく
8 しか
9 つっかい
10 よこしま
11 こな・な
12 たから
13 そよ
14 ようや
15 ふ
16 なら
17 よしみ
18 たな
19 したた
20 およ
21 ひとひら
22 ねぎら
23 な
24 たが
25 ひき

4

1 でいねい　ぬか-る
2 たんたん　にら-む
3 わいせい　みじか-い（ひく-い）
4 けっそく　やす-む（や-む）
5 こうや　しろ-い（きよ-い）
6 しゅくび　せま-る（け-る）
7 きゅうじょ　お-こる
8 たんすい　ふか-い
9 せっさ　みが-く
10 かんこう　と-じる
11 かつじ　おろ-か
12 せいひつ　やす-らか

5

A
1 せいうち
2 りす
3 やすで
4 あさり
5 おこぜ
6 いさき
7 たにし
8 うに

B
1 あけび
2 ささ
3 うど
4 そてつ
5 へちま
6 しめじ
7 もずく
8 とまと

6

1 しけ
2 こだま
3 こま
4 あく
5 にがり
6 ところてん
7 ぴあの
8 いざよい
9 あばた
10 ふぶき
11 かすり
12 はんかち
13 どんぐり
14 きぬぎぬ
15 こっぷ
16 やし
17 ねはん
18 こわもて
19 おかみ
20 そばかす
21 せいろ・せいろう
22 くすし
23 めっき
24 しゅうせん・ぶらんこ

7

1 コ
2 オ
3 カ
4 ク
5 ウ
6 エ
7 キ
8 イ
9 ケ
10 ア

ランクアップ

1
4 謦咳＝「せきばらい」のこと。
5 兌換＝「とりかえ」のこと。
19 嚆矢＝「鏑矢」のこと。「物事のはじめ」の意味。

3
23 生さぬ仲＝血のつながらない親子の間柄。

書き

ステップ1 準1級の漢字

▼書きながら送りがなもチェックしよう！
▼止めやはらいにも注意しよう！

学習日

解答 P31

1 次のカタカナの部分を文意に注意して漢字に直し、下の［　］に記せ。

1 川をサカノボる。［　］
2 紙をスく。［　］
3 責めサイナむ。［　］
4 ツタがからまる壁。［　］
5 エリを正す。［　］
6 身から出たサビ。［　］
7 サキガケの功名。［　］
8 山道をタドる。［　］
9 話をウ呑みにする。［　］
10 ウグイス張りの廊下。［　］
11 天井がススける。［　］
12 金をモウける。［　］
13 めっきがハげる。［　］
14 おキャンな娘。［　］
15 カブキ見物に行く。［　］
16 ナカンズクここが重要だ。［　］
17 ケネンを抱く。［　］
18 ソツジながら。［　］
19 サイリな感覚を持つ。［　］
20 彼女はムクな人だ。［　］

21 技術をクシして作る。

22 イササか戸惑う。

23 キママな人生を送る。

24 カタワらに置く。

25 サナガら絵のようだ。

26 イオリを結ぶ。

27 アタカも好し。

28 サバけた人柄。

29 袖をマクる。

30 書類にナツインする。

31 わらをもツカむ。

32 タキビを囲む。

33 背中をカく。

34 学生カバンを持つ。

35 鎮守のモリの祭り。

36 人形ジョウルリ。

37 彼はユウトウ児だ。

38 病がアツくなる。

39 オじ気づく。

40 下宿先をアッセンする。

41 ハシカにかかる。

42 ガンの告知を受ける。

43 ヒンシの白鳥。

44 フンショ坑儒。

45 ゲイギを呼ぶ。

46 センジョウ的な態度。

47 すっかりケイガイ化した。

48 橋のランカンに腰掛ける。

2 次のカタカナの部分を漢字に直し、送りがなとともに〔　〕に記せ。ただし送りがなはひらがなで書くこと。

1 失礼をワビル。……〔　〕
2 イトケナイ少女。……〔　〕
3 親をナイガシロにする。……〔　〕
4 水面にタダヨウ。……〔　〕
5 ホトンド完成する。……〔　〕
6 喜びにムセビ泣く。……〔　〕
7 仕事がハカドル。……〔　〕
8 様子をウカガウ。……〔　〕
9 姿をクラマス。……〔　〕
10 秘密をモラス。……〔　〕
11 水がアフレル。……〔　〕
12 笑みをタタエル。……〔　〕
13 神をオソレル。……〔　〕
14 視野がセバマル。……〔　〕
15 梅の花がホコロブ。……〔　〕
16 気力がナエル。……〔　〕
17 ケダシ名言である。……〔　〕
18 風にクシケズル。……〔　〕
19 頭がハゲル。……〔　〕
20 声がカスレル。……〔　〕
21 人よりヌキンデル。……〔　〕
22 アコガレの人。……〔　〕
23 彼アルイハ彼女。……〔　〕
24 財政のヒズミ。……〔　〕
25 ミダラナ心。……〔　〕

26 堤防がツイエル。
27 モットモらしい。
28 命をササゲル。
29 ミジメナ気分。
30 天涯孤独でサビシイ。
31 河の水がヨドム。
32 温泉がワク。
33 爪の垢をセンジル。
34 トボケテごまかす。
35 誤解をマネク。
36 気がタカブル。
37 痛みにモダエル。
38 頭上に冠をイタダク。
39 機会をトラエル。

40 ツクダニのおかず。
41 信長のユウヒツとなる。
42 エンペイ壕に隠れる。
43 命ミョウガなやつ。
44 ナコソの関は三関の一つ。
45 サえわたる冬の夜空。
46 テイハツして僧となる。
47 ハッケよいと行司の声。
48 ジュモンを唱える。
49 熊のタンノウは良薬だ。
50 ハニワの馬。
51 デンポウな口をきく。
52 ヒサシに蜂の巣がある。
53 ドウキュウ場で遊ぶ。

3 次のカタカナの部分を文意に注意して漢字に直し、下の［　］に記せ。

1 オノで木を伐り倒す。……［　］
2 キョクジツ旗を掲げる。……［　］
3 急流をトショウする。……［　］
4 城のヤグラが火事だ。……［　］
5 ビシャモン天の像。……［　］
6 ナンジ自身を知れ。……［　］
7 次の御サタを待て。……［　］
8 トロ場の魚を釣る。……［　］
9 キツネの嫁入り。……［　］
10 琵琶湖ソスイ。……［　］
11 国境守備隊のトリデ。……［　］
12 トイシ車で研削する。……［　］
13 ロクダカ八千石の直参。……［　］
14 オイを負った旅僧。……［　］
15 ヤハズで掛軸をかける。……［　］
16 鶏肉入りカユをすする。……［　］
17 バフン紙で工作する。……［　］
18 下ろしチリメン雑魚。……［　］
19 宴会のゼンが並ぶ。……［　］
20 空がアカネ色に染まる。……［　］
21 コットウの鑑定。……［　］
22 事実をワイキョクする。……［　］
23 ニワカ仕込みの宴会芸。……［　］
24 リンゴの花綻ぶ。……［　］
25 ロレツが回らない酔客。……［　］
26 ノコギリ引きの刑。……［　］

解答と解説

書き

ステップ1

P26～30

1

1 遡・溯
2 漉・抄
3 苛・嘖
4 蔦
5 衿・襟
6 錆・銹
7 魁
8 辿
9 鵜
10 鶯
11 煤
12 儲
13 剃
14 俠
15 歌舞伎
16 就中
17 懸念
18 卒爾・率爾
19 犀利
20 無垢
21 駆使
22 些・聊
23 気儘
24 傍
25 宛
26 庵
27 恰・宛
28 捌
29 捲
30 捺印
31 摑
32 焚火
33 掻
34 鞄
35 杜
36 浄瑠璃
37 遊蕩
38 篤
39 怖
40 斡旋
41 麻疹
42 癌
43 瀕死
44 焚書
45 芸妓
46 煽情
47 形骸
48 欄干

2

1 詫びる
2 稚(幼)い
3 蔑ろ
4 漂う
5 殆ど
6 咽(噎)び
7 捗る
8 窺(覗)う
9 晦(暗)ます
10 洩(漏)らす
11 氾(溢)れる
12 湛える
13 畏れる
14 窄(狭)まる
15 綻ぶ
16 萎える
17 蓋し
18 櫛(梳)る
19 禿げる
20 掠(擦)れる
21 擢(抽)んでる
22 憧(憬)れ
23 或いは
24 歪み
25 淫らな
26 潰(弊)える
27 尤も
28 捧げる
29 惨めな
30 淋(寂)しい
31 淀(澱)む
32 湧(涌)く
33 煎じる
34 惚(恍)けて
35 惹(招)く
36 昂(高ぶ)る
37 悶える
38 戴く
39 捕らえる・捉える
40 佃煮
41 祐筆・右筆
42 掩蔽
43 冥加
44 勿来
45 冴・冱
46 剃髪
47 八卦
48 呪文
49 胆嚢
50 埴輪
51 伝法
52 庇・廂
53 撞球

3

1 斧
2 旭日
3 渡渉・徒渉
4 櫓
5 毘沙門
6 汝・爾
7 沙汰
8 瀞
9 狐
10 疎水
11 砦
12 砥石
13 禄高
14 笈
15 矢筈
16 粥・鬻・糜・餬
17 馬糞
18 縮緬
19 膳
20 茜
21 骨董
22 歪曲
23 俄
24 林檎
25 呂律
26 鋸

ランクアップ

1
10 鶯張り＝踏むと鶯の鳴き声のような音を立てるように張った廊下などの板。
16 就中＝なかでも。とりわけ。
18 卒爾・率爾＝とつぜん。
44 焚書坑儒＝始皇帝が本を焼き、学者を生き埋めにしたこと。

2
17 蓋し＝おそらく。思うに。
41 祐筆・右筆＝貴人の書記。
43 命冥加＝幸運な。
51 伝法＝女性がわざと乱暴な口をきくこと。

3
8 瀞場＝水が深く流れがゆるやかな所。

書き

ステップ2 準1級・1級の漢字

▼複雑な字でも書き順は覚えておこう！
▼熟語の意味も一緒に覚えてしまおう！

学習日 ／

解答 P37

1 次のカタカナの部分を漢字に直し、下の［　］に記せ。

1 ヨロイを身にまとう。……［　］
2 ダンナさんに挨拶する。……［　］
3 カンカできない事態。……［　］
4 クゼツ文を交わす。……［　］
5 手紙をトウカンする。……［　］
6 驚くナカれ。……［　］
7 ムホンを起こす。……［　］
8 ショウチュウを飲む。……［　］
9 シンセキが集う。……［　］
10 奇妙なフンソウをする。……［　］
11 食欲オウセイ。……［　］
12 昔とったキネヅカ。……［　］
13 イゲタの文様。……［　］
14 ウンテイで遊ぶ。……［　］
15 ヤリダマにあげる。……［　］
16 キコリの住む小屋。……［　］
17 ヒヨクな土地。……［　］
18 情報がハンランしている。……［　］
19 デンプンを多く含む。……［　］
20 神をボウトクする。……［　］

2 次のカタカナの部分について、漢字と送りがなを記せ。送りがなはひらがなで書くこと。

1 小鳥が餌をツイバム。
2 鉛筆をイジクル。
3 泣く子をナダメル。
4 布をサラシて白くする。
5 祭りでニギワウ。
6 口をソロエテ言う。
7 途中でクジケル。
8 涙をヌグウ。
9 考えアグネル。
10 ワズカニ残る。
11 腕がサエル。
12 スサマジイ剣幕で怒る。

21 ロウゴクに入れられる。
22 ルリ色の地球。
23 政党がガカイする。
24 弱々しいソウク。
25 ミケンにしわを寄せる。
26 シャクシ定規に振る舞う。
27 アッケにとられる。
28 相撲のマスセキ。
29 ツルバミ色の器。
30 弥勒ボサツが祀ってある。
31 まったくヤブヘビだった。
32 俳句をヒネる。
33 他人の成功をネタむ。
34 若葉がモえる。

3 次のカタカナの部分を漢字に直し、［　　］に記せ。

1 セッケンで手を洗う。……［　　］
2 アミダ様に祈る。……［　　］
3 カイライ政権。……［　　］
4 エンザイで投獄される。……［　　］
5 周囲のチョウショウ。……［　　］
6 アイマイな返事。……［　　］
7 おハヤシが聞こえる。……［　　］
8 オトリを使う。……［　　］
9 ホウラツな人だ。……［　　］
10 フラン器にたまごを入れる。……［　　］
11 素晴らしいビョウブ。……［　　］
12 コウコツの人。……［　　］

13 センリツがはしる。……［　　］
14 サンゼンたる光彩。……［　　］
15 キグの念を抱く。……［　　］
16 何者かにラチされた。……［　　］
17 スイコウを重ねる。……［　　］
18 意識がモウロウとする。……［　　］
19 伝染病がマンエンする。……［　　］
20 ハチュウ類研究所。……［　　］
21 キョウジを持ちつづける。……［　　］
22 カゲロウ日記。……［　　］
23 ケゲンな顔をする。……［　　］
24 ショクザイの儀式。……［　　］
25 恋のドレイ。……［　　］
26 一世をフウビする。……［　　］

27 ビンのほつれを整える。
28 ヒンシュクをかう。
29 ヒナには稀な美人。
30 酒を飲んでメイテイする。
31 嫁と姑のアツレキ。
32 ロウソクに火を灯す。
33 ケイモウ的な教育。
34 ロッコツを折る。
35 傷にナンコウを塗る。
36 薔薇のシシュウをする。
37 同じテツは踏まぬ。
38 徳川家のカンゲン役。
39 豪華ケンラン。
40 コッケイな役回り。

41 金髪ヘキガンの少女。
42 サンゴ礁の写真。
43 ヒョウタンからこま。
44 盲目のビワ法師。
45 リュウインが下がる。
46 リュウチョウな日本語。
47 豪華なレイビョウ。
48 ガイトウを羽織る。
49 ガイセン門の下に立つ。
50 エンセイ感に浸る。
51 トッサの判断。
52 友人に食事をオゴる。
53 ホコリだらけの部屋。
54 サイは投げられた。

4 次のカタカナの部分について、漢字と送りがなを記せ。送りがなはひらがなで書くこと。

1 ハカナイ希望。

2 シワガレタ声。

3 触るとケガレル。

4 ヤブサカでない。

5 子猫をハラム。

6 豚をホフル。

7 一人で町をサマヨウ。

8 人目をハバカル。

9 ツカレタように熱中する。

10 わざとスネテみせる。

11 体がシビレル。

12 味方をアザムク。

5 次のカタカナを漢字に直し、［　］に記せ。ただしすべて動物の名前とする。

1 ジュウシマツ

2 テントウムシ

3 ワカサギ

4 トカゲ

5 コウナゴ

6 ホラガイ

7 カナリア

8 ホオジロ

9 キツツキ

10 カキ

11 カジカ

12 アホウドリ

解答と解説 書き

ステップ2

P32～36

1

1 鎧・冑・甲
2 旦那
3 看過
4 口舌・口説
5 投函
6 勿・毋
7 謀叛・謀反
8 焼酎
9 親戚
10 扮装
11 旺盛
12 杵柄
13 井桁
14 雲梯
15 槍玉
16 樵
17 肥沃
18 氾濫・汎濫
19 澱粉
20 冒瀆
21 牢獄
22 瑠璃・琉璃
23 瓦解
24 痩軀
25 眉間
26 杓子
27 呆気
28 升席・枡席
29 椽
30 菩薩
31 藪蛇
32 捻・撚・拈
33 嫉・妬
34 萌

2

1 啄む
2 弄る
3 宥める
4 晒し
5 賑わう
6 揃えて
7 挫ける
8 拭う
9 倦ねる
10 僅かに
11 冴(冱)える
12 凄まじい

3

1 石鹼
2 阿弥陀
3 傀儡
4 冤罪
5 嘲笑
6 曖昧
7 囃子
8 囮
9 放埒
10 孵卵
11 屛風
12 恍惚
13 戦慄
14 燦然・粲然
15 危惧
16 拉致
17 推敲
18 朦朧
19 蔓延・蔓衍
20 爬虫
21 矜持・矜恃
22 蜻蛉
23 怪訝
24 贖罪
25 奴隷
26 風靡
27 鬘
28 饕餮
29 鄙
30 酩酊
31 軋轢
32 蠟燭
33 啓蒙
34 肋骨
35 軟膏
36 刺繡
37 轍
38 諫言
39 絢爛
40 滑稽
41 碧眼
42 珊瑚
43 瓢簞
44 琵琶
45 溜飲
46 流暢
47 霊廟
48 外套
49 凱旋
50 厭世
51 咄嗟
52 奢
53 埃
54 賽・骰・采

4

1 儚い
2 嗄れた
3 穢(汚)れる
4 嗇(吝)か
5 孕む
6 屠る
7 彷徨う・彷う
8 憚る
9 憑かれた
10 拗ねて
11 痺れる
12 瞞(欺)く

5

1 十姉妹
2 天道虫・紅娘・瓢虫
3 公魚・若鷺・鰙
4 石竜子・蜥蜴・蝘蜓
5 小女子
6 法螺貝・吹螺・梭尾螺
7 金糸雀・金糸鳥・時辰雀
8 頰白・書眉鳥
9 啄木・啄木鳥
10 牡蠣・蠣
11 河鹿・鰍・杜父魚
12 阿房鳥・信天翁

ランクアップ

1 3看過＝「見のがす」こと。

2 9倦ねる＝「もてあます」こと。

3 3傀儡＝人の意のままに動く者。熟字訓読みで「くぐつ」。

21矜持＝自分の能力を信じて抱く誇り。

29鄙＝都を離れた土地。いなか。「辺鄙《へんぴ》」の「鄙」。

31軋轢＝人の仲が悪くなること（「車輪の軋る音」からきた意）。

38諫言＝目上、立場が上の人の非を諫《いさ》めること。また、その言葉。

書き

ステップ3 1級の漢字

▼最初は熟語の持つイメージで覚えよう！
▼次に正確な文字を書けるようにしよう！

学習日　／

解答 P43

1 次のカタカナの部分を漢字に直し、下の〔　〕に記せ。

1 ドクロが発見される。……〔　〕
2 シンラツな意見。……〔　〕
3 会津バンダイ山。……〔　〕
4 ここは悪のソウクツだ。……〔　〕
5 ケイセンの入った便箋。……〔　〕
6 生徒をバトウする。……〔　〕
7 新しいタンスを買う。……〔　〕
8 イモガユを食べる。……〔　〕
9 資料をヘンサンする。……〔　〕
10 アウンの呼吸。……〔　〕
11 キョウソクにもたれる。……〔　〕
12 ヒスイの耳飾り。……〔　〕
13 ダイタイ部を骨折する。……〔　〕
14 さる高貴な方のラクイン。……〔　〕
15 エンゼンと微笑む。……〔　〕
16 スエゼン食わぬは男の恥。……〔　〕
17 悪性のシュヨウができる。……〔　〕
18 ギョウガしたままでいる。……〔　〕
19 優れたソウダ術。……〔　〕
20 テンビンで量る。……〔　〕

21 随分カンロクが出てきた。

22 鷲はモウキン類に属する。

23 テンジクへの道。

24 テンソクした足。

25 ラシャ紙を買う。

26 ゼイジャクな子供。

27 傷口がカノウした。

28 随分オオゲサに騒ぐ。

29 切手のシュウシュウ家。

30 二目と見られぬソウボウ。

31 ゲッショクを観察する。

32 チョウホウ部員を派遣する。

33 命をトして勝負する。

34 列車がゴウオンを立てる。

35 ショウブの花が美しい。

36 タマネギを刻む。

37 ワラ人形。

38 上海のユウギ商店。

39 ラセン階段を上る。

40 マツゲの長い少女。

41 シツケの良い子供だ。

42 医者もサジを投げた。

43 ハナダ色の着物。

44 教訓をハンスウする。

45 ショウユ味の料理。

46 ワイロは受け取らない。

47 ひどいアザになった。

48 整理セイトンを心掛ける。

2 次のカタカナの部分について、漢字と送りがなを記せ。送りがなはひらがなで書くこと。

1 目の前がカスム。

2 野良猫がナレル。

3 幸せをモトメル。

4 ナマメカシイ女性。

5 一人でいるのはサビシイ。

6 ネンゴロになる。

7 疲れた体にムチウツ。

8 流れにサオサス。

9 ヤマシサを感じる。

10 傷がイエル。

11 飴をナメル。

12 権利をフミニジル。

13 最後になってタメラウ。

14 奇をテラウ。

15 友人をオトシメル。

16 心にシミル話。

17 イヤシクモ社会人として。

18 有名な詩をソランジル。

19 古典をヒモトク。

20 他人の名をカタル。

21 馬がイナナク。

22 オビタダシイ数の虫。

23 ワビシイ食事。

24 椅子の背にモタレル。

25 良心がトガメル。

26 誰にでもコビル。

27 恐ろしさに身がスクム。
28 表情がカゲル。
29 平和をムサボル。
30 ヒザマズイテ祈る。
31 新しい服をアツラエル。
32 人目をハバカル。
33 窮乏にアエグ。
34 彼の意向をクム。
35 栗がハジケル。
36 そっとヌスミミル。
37 二つの分野にマタガル。
38 暗闇でウゴメク虫。
39 ワダカマリがとける。
40 タクマシイ体格。

3 次のカタカナを漢字に直し、下の［　］に記せ。

1 イレズミ
2 シノノメ
3 シメナワ
4 チギレグモ
5 バイオリン
6 ピラミッド
7 コンクリート
8 フツカヨイ
9 ヨモヤマ
10 ボンボリ
11 セセラギ
12 ムラシグレ

4 次のカタカナを漢字に直し、［　　］に記せ。すべて植物の名前である。

1 ツワブキ……［　　］
2 オミナエシ……［　　］
3 タンポポ……［　　］
4 ワサビ……［　　］
5 ニンニク……［　　］
6 キクラゲ……［　　］
7 サザンカ……［　　］
8 ジンチョウゲ……［　　］
9 ドウダンツツジ……［　　］
10 ナナカマド……［　　］
11 ニワトコ……［　　］
12 ヒヤシンス……［　　］

5 次のカタカナを漢字に直し、［　　］に記せ。すべて動物の名前である。

1 アゲハチョウ……［　　］
2 シシャモ……［　　］
3 ホトトギス……［　　］
4 ミミズク……［　　］
5 ヤマガラ……［　　］
6 ハタハタ……［　　］
7 ビーバー……［　　］
8 アワビ……［　　］
9 クラゲ……［　　］
10 ヒヨドリ……［　　］
11 ヤマアラシ……［　　］
12 アサリ……［　　］

解答と解説 書き

ステップ3

P38～42

1

1 髑髏
2 辛辣
3 磐梯
4 巣窟
5 罫線
6 罵倒
7 箪笥
8 芋粥
9 編纂
10 阿吽
11 脇息
12 翡翠
13 大腿
14 落胤
15 艶然・婉然・嫣然
16 据膳
17 腫瘍
18 仰臥
19 操舵
20 天秤
21 貫禄
22 猛禽
23 天竺
24 纏足
25 羅紗
26 脆弱
27 化膿
28 大袈裟
29 蒐集・収集
30 相貌
31 月蝕・月食
32 諜報
33 賭
34 轟音
35 菖蒲
36 玉葱
37 藁
38 友誼
39 螺旋
40 睫毛・睫
41 躾
42 匙・匕
43 縹
44 反芻
45 醤油
46 賄賂
47 痣・黶
48 整頓

2

1 霞（翳）む
2 馴れる
3 僥（求）める
4 嬌（艶）かしい
5 寥（淋・寂）しい
6 懇ろ
7 韃（撻・鞭）つ
8 棹（找）す
9 疚しさ
10 癒える
11 舐める
12 蹂（躪・躙・踏み躙）る
13 躇（躊）う
14 衒う
15 貶める
16 沁（染）みる
17 苟も
18 諳んじる
19 繙く
20 騙る
21 嘶く
22 夥しい
23 侘しい
24 凭れる
25 咎める
26 媚びる
27 竦む
28 翳る
29 貪る
30 跪いて
31 誂える
32 憚る
33 喘ぐ
34 抒（汲）む
35 炸（弾）ける
36 睇（盗み見）る
37 跨がる
38 蠢く
39 蟠り
40 逞しい

3

1 刺青・文身
2 東雲
3 七五三縄・注連縄
4 断雲
5 提琴
6 金字塔
7 混凝土
8 宿酔
9 四方山
10 雪洞
11 細流・小流
12 叢時雨・村時雨

4

1 石蕗
2 女郎花
3 蒲公英
4 山葵
5 大蒜
6 木耳
7 山茶花・茶梅
8 沈丁花・瑞香
9 満天星
10 七竈
11 庭常・幹樹・接骨木
12 風信子

5

1 揚羽蝶・鳳蝶
2 柳葉魚
3 不如帰・子規・時鳥・杜宇
4 木菟
5 山雀
6 雷魚・燭魚・鰰・鱩
7 海狸
8 石決明・鮑・鰒・蚫
9 海月・水母
10 鵯・白頭鳥
11 山荒・豪猪
12 浅蜊・鯏・蛤仔

ランクアップ

1
11 脇息＝ひじかけ。
14 落胤＝貴人が妻以外の身分の低い女性に産ませた子。おとしだね。
24 纏足＝昔、中国で女児の足を布で縛って大きくならないようにした風習。また、その足。

2
19 繙く＝書物を開いて読むこと。

3
2 東雲＝明け方。
12 叢（村）時雨＝ひとしきり降る雨。降ったりやんだりする雨。

4
10 七竈＝山地に生えるバラ科の落葉高木。

四字熟語

ステップ1 準1級の漢字

▼反復して書き、手の動きで覚え込む!
▼「漢字必携」の四字熟語は覚えておこう!

学習日 ／

解答 P47

1 次の［　］にあてはまる漢字を書き入れて四字熟語を完成し、その意味を□から選んで符号で（　）に記入せよ。

1 赤手［クウケン］（　）
2 自然［トウタ］（　）
3 一目［リョウゼン］（　）
4 ［チョウテイ］曲浦（　）
5 ［ジョウトウ］手段（　）
6 ［タイキン］積玉（　）

ア．はるかに続く海岸線。
イ．いつも決まって使う方法。
ウ．大金持ちのこと。
エ．一目見ただけで、すべて把握できること。
オ．何の助けもなく独力で事に当たること。
カ．生物が生存競争により生き残ったり滅びたりすること。

2 次の［　］にあてはまる漢字を書き入れて四字熟語を完成し、その意味を□から選んで符号で（　）に記入せよ。

1 甲論［オツバク］（　）
2 臥竜［ホウスウ］（　）
3 沈魚［ラクガン］（　）
4 ［ガイシュウ］一触（　）
5 ［フグ］戴天（　）
6 ［シラン］玉樹（　）

ア．他人の子弟の優秀さをほめる語。　イ．あでやかな美女。
ウ．互いに主張して、議論がまとまらないこと。
エ．たやすく相手を打ち負かすこと。
オ．優秀な人物が好機をつかめず世に潜んでいること。
カ．命をかけても主人や親の仇をとらねばならないほど深く怨むこと。

3 次の［　］にあてはまる漢字を書き入れて四字熟語を完成し、その意味を□から選んで符号で（　）に記入せよ。

1 竜章［ホウシ］（　）

2 魚目［エンセキ］（　）

3 純真［ムク］（　）

4 生呑［カッパク］（　）

5 張三［リシ］（　）

6 ［タンシ］瓢飲（　）

7 ［ギョウフウ］舜雨（　）

8 ［ソウボウ］危言（　）

9 ［ランエイ］湖光（　）

10 ［イクイク］青青（　）

ア．美しい風景。
イ．貧しい暮らしに満足すること。
ウ．すぐれた容姿。
エ．世間にありふれた平凡な人物。
オ．似て非なるもの。
カ．在野からの国政に対する批判。
キ．汚れがなく純粋な様子。
ク．人のつくった文章を盗むこと。
ケ．かぐわしい香りがたちこめ、葉が青々と茂る様子。
コ．中国古代の聖帝・堯と舜の政治によって全国に徳が行き届いたことを雨風の恩恵にたとえた言葉。

4 次の［　］にあてはまる漢字を書き入れて四字熟語を完成し、その意味を□から選んで符号で（　）に記入せよ。

1 臥薪［ショウタン］（　）

2 曲学［アセイ］（　）

3 古色［ソウゼン］（　）

4 気息［エンエン］（　）

5 無知［モウマイ］（　）

6 ［ケンキョウ］附会（　）

7 ［ケンド］重来（　）

8 君子［ヒョウヘン］（　）

9 融通［ムゲ］（　）

10 羊頭［クニク］（　）

ア．道理に疎いこと。
イ．再び勢いが盛んになること。
ウ．息も絶え絶えなさま。
エ．見た目に中身が伴わないこと。
オ．いかにも古びて見える様子。
カ．都合に合わせてこじつけること。
キ．自分の言動を一変させること。
ク．将来成功するために自分に鞭うつこと。
ケ．学問の真理を曲げて権力者や時勢に迎合すること。
コ．一定の考えにとらわれることなく、どんな事態にも滞りなく対応できること。

5 次の［　］にあてはまる言葉を［　］から選び、漢字に直して四字熟語を完成せよ。

1［　］回帰
2［　］脱漏
3［　］東夷
4［　］切切
5［　］同時
6［　］無頼
7［　］斉駆
8 阿鼻［　］
9 雲龍［　］
10 通暁［　］
11 堂塔［　］
12 薄暮［　］
13 美酒［　］
14 偏僻［　］

へいこ　ずさん　せいせい
ほうとう　えいごう　せいじゅう
せいあ　ちょうたつ　そったく
かこう　へいが　めいめい
きょうかん　がらん

6 次の［　］にあてはまる言葉を［　］から選び、漢字に直して四字熟語を完成せよ。

1［　］磨滅
2［　］露宿
3［　］落飾
4［　］烏飛
5［　］帯河
6［　］絶倒
7［　］十菊
8 水天［　］
9 一虚［　］
10 竹頭［　］
11 土崩［　］
12 抜山［　］
13 焚書［　］
14 羊質［　］

ぼくせつ　ふうさん　いちえい
とそう　こひ　ていはつ
ほうふく　ちょうれい　りくしょう
いっぺき　がかい　れいざん
こうじゅ　がいせい

解答と解説

四字熟語 ステップ1

P44~46

1
1 空拳・オ
2 淘汰・カ
3 瞭然・エ
4 長汀・ア
5 常套・イ
6 堆金・ウ
5 李四・エ
6 箪食・イ
7 尭風・コ
8 草茅・カ
9 嵐影・ア
10 郁郁・ケ

2
1 乙駁・ウ
2 鳳雛・オ
3 落雁・イ
4 鎧袖・エ
5 不倶・カ
6 芝蘭・ア

3
1 鳳姿・ウ
2 燕石・オ
3 無垢・キ
4 活剝・ク

4
1 嘗胆・ク
2 阿世・ケ
3 蒼然・オ
4 奄奄・ウ
5 蒙昧・ア
6 牽強・カ
7 捲土・イ
8 豹変・キ
9 無碍・無礙・コ
10 狗肉・エ

5
1 永劫
2 杜撰
3 西戎
4 凄凄
5 啐啄
6 放蕩
7 並駕
8 叫喚
9 井蛙
10 暢達
11 伽藍
12 冥冥
13 佳肴・嘉肴
14 蔽固

6
1 凋零
2 風餐
3 剃髪
4 兎走
5 礪山
6 捧腹・抱腹
7 六菖
8 一碧
9 一盈
10 木屑
11 瓦解
12 蓋世
13 坑儒
14 虎皮

ランクアップ

5
1 永劫回帰＝永遠に同じことを繰り返すこと。
2 杜撰脱漏＝粗末で誤りが多いこと。
3 西戎東夷＝未開野蛮の国。
5 啐啄同時＝逸することのできない好機。
6 放蕩無頼＝品行が悪く無法なこと。
7 並駕斉駆＝地位能力が等しいこと。
8 阿鼻叫喚＝非常に悲惨なさま。
9 雲龍井蛙＝地位の上下や賢愚の差の甚だしいこと。
10 通暁暢達＝詳しく知っていて文章がのびやかなさま。
11 堂塔伽藍＝寺院の建物。
13 美酒佳肴＝すばらしいご馳走。

6
1 凋零磨滅＝凋零はしぼみ落ちる、磨滅はすり減ること。
2 風餐露宿＝野宿すること。
3 剃髪落飾＝仏門に入ること。
4 兎走烏飛＝月日の経過が早いこと。
5 礪山帯河＝国が永遠に栄えること。
6 捧腹絶倒＝腹をかかえて大笑いすること。
7 六菖十菊＝機会を失うこと。
8 水天一碧＝水と空が一つになり青々としていること。
9 一虚一盈＝常に変化すること。
10 竹頭木屑＝瑣末なこともおろそかにしないこと。
11 土崩瓦解＝物事を支えきれなくなり崩れること。
12 抜山蓋世＝体力が盛んで気性が勇壮であること。
13 焚書坑儒＝思想・学問・言論を弾圧すること。
14 羊質虎皮＝外見は立派だが内容がないこと。

四字熟語

ステップ 2
準1級・1級の漢字

▼複雑な漢字は繰り返し練習しよう!
▼部首の意味も覚えておこう!

学習日 ／

解答 P53

1 次の［　］にあてはまる漢字を書き入れて四字熟語を完成し、その意味を□から選んで符号で(　)に記入せよ。

1 綾羅［キンシュウ］(　)
2 意気［ケンコウ］(　)
3 四面［ソカ］(　)
4 ［コウジン］万丈(　)
5 ［ザガ］行歩(　)
6 ［キク］準縄(　)

ア．普段の身のこなしかた。
イ．路上の砂ぼこりが赤く陽に照らされてわきあがっている様子。
ウ．模様の織りが豪華で高価な服のたとえ。
エ．周囲を敵に囲まれていること。
オ．行動や物事の規範。
カ．やる気に満ちていること。

2 次の［　］にあてはまる漢字を書き入れて四字熟語を完成し、その意味を□から選んで符号で(　)に記入せよ。

1 未来［エイゴウ］(　)
2 熟読［ガンミ］(　)
3 清濁［ヘイドン］(　)
4 ［ビモク］秀麗(　)
5 ［モウボ］断機(　)
6 ［ミョウセン］自性(　)

ア．顔が整っていて美しいこと。
イ．文章をよく読み、文面に書かれた意味を考え味わうこと。
ウ．やりかけたことを途中で投げてはいけないという教え。
エ．名前はその物の本来の性質を表しているということ。
オ．心が広いと、善悪なしに万人を受け入れられるということ。
カ．ずっといつまでも。

3 次の［　］にあてはまる言葉を□から選び、漢字に直して四字熟語を完成せよ。

1 ［　　］雲客
2 ［　　］鼎談
3 ［　　］閑雅
4 ［　　］名人
5 ［　　］浄土
6 ［　　］落月
7 ［　　］万里
8 文質［　　］
9 孟仲［　　］
10 陶犬［　　］
11 短褐［　　］
12 麦秀［　　］
13 舞文［　　］
14 竜跳［　　］

こが　せきし　おくりょう　ひんぴん　ろうほう
さんしゃ　たいぼう　けいしょう　しゅくき　ごんぐ
せんけつ　がけい　ほうてい　しょり

4 次の［　］にあてはまる言葉を□から選び、漢字に直して四字熟語を完成せよ。

1 ［　　］章草
2 ［　　］空拳
3 ［　　］附熱
4 ［　　］猛進
5 ［　　］粛粛
6 ［　　］竜文
7 ［　　］辺地
8 亡羊［　　］
9 鱗次［　　］
10 野鶴［　　］
11 煩悩［　　］
12 朝秦［　　］
13 百尺［　　］
14 情緒［　　］

としゅ　ろぎょ　ぼだい　ぼそ　べんせい
ちょとつ　てんめん　ほろう　しっぴ　かんとう
ひと　ぞくさん　すうえん　かんうん

5 次の［　　］に入る適切な語句を□から選び、漢字に直して記入せよ。また、完成した四字熟語の意味を、　（ア〜シ）から選び、下の（　）に符号で記せ。

1 斎戒［　　］（　）
2 ［　　］囂囂（　）
3 ［　　］匆匆（　）
4 驢鳴［　　］（　）
5 兵馬［　　］（　）
6 無慙［　　］（　）
7 横行［　　］（　）
8 苦心［　　］（　）
9 訥言［　　］（　）
10 敝衣［　　］（　）
11 悲憤［　　］（　）
12 因循［　　］（　）

けんばい　さんたん　もくよく
こうがい　うと　こそく
むき　かっぽ　こうそう
ほうはつ　びんこう　けんけん

ア．戦争のために忙しく落ちつかないこと。
イ．自分の罪を他人に対し恥じないこと。
ウ．多くの人が口々にやかましく騒ぎ立てるさま。
エ．非常に苦労して心を砕き痛めること。
オ．つまらない文章。
カ．伸びて乱れた髪で破れた着物を着ること。
キ．かなしみ、いきどおること。
ク．心を清め体を洗うこと。
ケ．口は重いが、行動がすばやいこと。
コ．古い習慣を改めずその場しのぎに終始すること。
サ．勝手気ままにふるまうこと。
シ．歳月が慌ただしく過ぎること。

6 次の［　］に入る適切な語句を□から選び、漢字に直して記入せよ。また、完成した四字熟語の意味を、（ア〜シ）から選び、下の（　）に符号で記せ。

1 ［麻姑］［　　］（　）
2 ［　　］［羽衣］（　）
3 ［協心］［　　］（　）
4 ［比肩］［　　］（　）
5 ［面折］［　　］（　）
6 ［　　］［玉折］（　）
7 ［　　］［虎頭］（　）
8 ［洽覧］［　　］（　）
9 ［　　］［鮮明］（　）
10 ［　　］［続貂］（　）
11 ［　　］［輪輿］（　）
12 ［　　］［凝議］（　）

しんしき	きゅうしゅ	そうよう
げいしょう	きし	ていそう
りくりょく	ししょう	ずいしょう
くび	らんさい	えんがん

ア．面と向かって臆することなく論争すること。
イ．賢人や美人などの死。
ウ．顔を突き合わせて熱心に協議すること。
エ．心を一つにして力を合わせること。
オ．遠国で諸侯となるべき貴人の相。
カ．学問や知識が広く深いこと。
キ．物事が思いのままになること。
ク．劣ったものが優れたものの後を続けること。
ケ．大工と家具職人や車台・車輪をつくる職人。
コ．主義主張がはっきりしていること。
サ．街路に人が多いこと。
シ．薄絹などで作った、女性の美しく軽やかな衣裳。

7 次の［　］に入る適切な語句を□から選び、漢字に直して記入せよ。また、完成した四字熟語の意味を、□（ア～シ）から選び、下の（　）に符号で記せ。

1 ［　　］暮蚊（　）
2 和光［　　］（　）
3 ［　　］転生（　）
4 醇風［　　］（　）
5 魚網［　　］（　）
6 自家［　　］（　）
7 一唱［　　］（　）
8 偃武［　　］（　）
9 ［　　］自煎（　）
10 ［　　］警枕（　）
11 ［　　］蜜語（　）
12 落筆［　　］（　）

しゅうぶん　りんね　てんげん
ちょうよう　びぞく　こうか
えんぼく　どうじん　さんたん
こうり　てんよう　どうちゃく

ア．優れた詩文を称賛すること。
イ．才のあることでかえって災いに遭うこと。
ウ．戦争をやめ、世の中が穏やかで平和なこと。
エ．過ちをうまく取り繕うこと。
オ．自分の才や徳を隠して目立たずに暮らすこと。
カ．苦労して懸命に勉学に励むこと。
キ．つまらない人物がはびこるたとえ。
ク．人情が厚く麗しい風俗や習慣。
ケ．聞いていて快い言葉。
コ．前後が食い違って論理が合わないこと。
サ．求めるものと違うものが得られること。
シ．人が生まれては死に、死んではまた、生まれ変わること。

解答と解説

四字熟語 ステップ2

P48～52

1
1 錦繡・ウ
2 軒昂・カ
3 楚歌・エ
4 黄塵・イ
5 坐臥・ア
6 規矩・オ

2
1 永劫・カ
2 玩味・イ
3 併呑・オ
4 眉目・ア
5 孟母・ウ
6 名詮・エ

3
1 卿相
2 三者
3 体貌
4 碩師
5 欣求
6 屋梁
7 鵬程
8 彬彬
9 叔季
10 瓦鶏
11 穿結
12 黍離
13 弄法
14 虎臥

4
1 魯魚
2 徒手
3 趨炎
4 猪突
5 鞭声
6 飛兎
7 粟散
8 補牢
9 櫛比
10 閑雲
11 菩提
12 暮楚
13 竿頭
14 纏綿

5
1 沐浴・ク
2 喧喧・ウ
3 烏兎・シ
4 犬吠・オ
5 倥偬・ア
6 無愧・イ
7 闊歩・サ
8 惨憺・エ
9 敏行・ケ
10 蓬髪・カ
11 慷慨・キ
12 姑息・コ

6
1 掻痒・キ
2 霓裳・シ
3 戮力・エ
4 随踵・サ
5 廷争・ア
6 蘭摧・イ
7 燕頷・オ
8 深識・カ
9 旗幟・コ
10 狗尾・ク
11 梓匠・ケ
12 鳩首・ウ

7
1 朝蠅・キ
2 同塵・オ
3 輪廻・シ
4 美俗・ク
5 鴻離・サ
6 撞着・コ
7 三歎・ア
8 修文・ウ
9 膏火・イ
10 円木・カ
11 甜言・ケ
12 点蠅・エ

ランクアップ

3
1 卿相雲客＝昇殿を許された官人。
2 三者鼎談＝三者が話し合うこと。
3 体貌閑雅＝姿形が優雅なこと。
4 碩師名人＝声望のある人。
5 欣求浄土＝浄土往生を願うこと。
6 屋梁落月＝友人を大切に思うこと。
7 鵬程万里＝遠大な道程のたとえ。
8 文質彬彬＝外見の美と内面が調和していること。
9 孟仲叔季＝兄弟姉妹の順序。
10 陶犬瓦鶏＝恰好ばかりの役立たず。
11 短褐穿結＝貧者の粗末な着物。
12 麦秀黍離＝亡国の嘆き。
13 舞文弄法＝法律の乱用。
14 竜跳虎臥＝筆勢が自由自在な様子。

4
1 魯魚章草＝文字の書き誤り。
2 徒手空拳＝頼れるもののないこと。
3 趨炎附熱＝おもねるようす。
4 猪突猛進＝がむしゃらに進むこと。
5 鞭声粛粛＝相手に気づかれないようにムチの音ですら静かにすること。
6 飛兎竜文＝優れた子弟。
7 粟散辺地＝辺鄙な地の小さな国。
8 亡羊補牢＝失敗した後で改める。
9 鱗次櫛比＝続き並ぶこと。
10 野鶴閑雲＝悠悠自適の境遇。
11 煩悩菩提＝苦より悟りに至る事。
12 朝秦暮楚＝節操のないたとえ。
13 百尺竿頭＝到達し得る最高点。
14 情緒纏綿＝情緒が深く細やか。

四字熟語

ステップ 3 1級の漢字

▼読みながらリズムよく覚えよう!
▼漢字の形と意味を関連づけて覚えよう!

学習日 ／

解答 P59

1 次の［　］に入る適切な語句を□から選び、漢字に直して記入せよ。また、完成した四字熟語の意味を、(ア〜コ)から選び、下の(　)に符号で記せ。

1 蹇蹇［　　］(　)
2 呵呵［　　］(　)
3 拳拳［　　］(　)
4 ［　　］嘖嘖(　)
5 ［　　］嫋嫋(　)
6 ［　　］藹藹(　)
7 ［　　］喃喃(　)
8 ［　　］凜凜(　)
9 ［　　］炯炯(　)
10 侃侃［　　］(　)

がくがく	わき	ゆうき	がんこう
よいん	こうひょう	ふくよう	
たいしょう	ちょうちょう	ひきゅう	

ア. 胸中に銘記して必ず守ること。
イ. 音声が長く響いて絶えないさま。
ウ. 自分の利害をかえりみず君子に尽くすこと。
エ. 男女が楽しげに語り合うさま。
オ. 眼の光が鋭い様子。
カ. いさましくりりしいさま。
キ. 遠慮なく盛んに議論する様子。
ク. 大声で笑うさま。
ケ. なごやかでむつまじい気色。
コ. 口々に褒めそやすこと。

2 次の［　］に入る適切な語句を□から選び、漢字に直して記入せよ。また、完成した四字熟語の意味を、□（ア～シ）から選び、下の（　）に符号で記せ。

1 ［　　］千金（　）

2 ［　　］一詠（　）

3 ［　　］一笑（　）

4 ［　　］一番（　）

5 ［　　］一擲（　）

6 贅沢［　　］（　）

7 ［　　］三絶（　）

8 ［　　］三略（　）

9 三面［　　］（　）

10 五臓［　　］（　）

11 ［　　］千里（　）

12 百花［　　］（　）

いちびん　けんこん　いっしゃ
いっかく　ろっぴ　りくとう
いへん　ざんまい　きんこん
りょうらん　ろっぷ　いっしょう

ア. 兵法の極意。虎の巻。奥の手。
イ. 心を引きしめ、奮い立って事に当たること。
ウ. ちょっとした表情のこと。
エ. 書物を熟読すること。
オ. 一人で数人分の働きをすること。
カ. 運命を賭して、危ない勝負をかけること。
キ. からだ全体。
ク. 必要以上に金をかけた生活を思うままにする。
ケ. 様々な花がとりどり咲き乱れるさま。
コ. 労せずに一度に巨大な利益を得ること。
サ. 酒を飲みながら詩を吟じて楽しむこと。
シ. ものごとが一気にはかどり進むさま。

3 次の［　　］に入る適切な語句を□から選び、漢字に直して記入せよ。また、完成した四字熟語の意味を、□（ア〜シ）から選び、下の（　）に符号で記せ。

1 右顧［　　］［　　］（　）

2 嘯風［　　］［　　］（　）

3 含哺［　　］［　　］（　）

4 ［　　］琢磨（　）

5 ［　　］輔車（　）

6 ［　　］曲折（　）

7 ［　　］［　　］豪華（　）

8 桜花［　　］［　　］（　）

9 才気［　　］［　　］（　）

10 依怙［　　］［　　］（　）

11 罵詈［　　］［　　］（　）

12 判官［　　］［　　］（　）

ひいき	せっさ	しんし
ろうげつ	うよ	ざんぼう
さべん	らんまん	びいき
かんぱつ	こふく	けんらん

ア．事情が込み入り、いろいろ変化があること。

イ．十分に食物をとり、生活を楽しんでいる様子。

ウ．弱い者に同情、肩入れすること。

エ．皆に公平でなく、一人を特に後援すること。

オ．仲間同士互いに励まし合って学徳を磨くこと。

カ．才知がはじけるように表に出るさま。

キ．互いに助け合い、支え合う関係。

ク．口をきわめののしること。その言葉。

ケ．周囲を窺ってばかりで決断をためらうこと。

コ．桜の花が咲き乱れるさま。

サ．自然に親しみ、風流韻事に心を寄せること。

シ．きらびやかに輝いて美しいこと。

4 次の［　］に入る適切な語句を□から選び、漢字に直して記入せよ。また、完成した四字熟語の意味を、(ア～シ)から選び、下の（　）に符号で記せ。

1 空谷［　　　］（　）
2 狷介［　　　］（　）
3 豪放［　　　］（　）
4 毀誉［　　　］（　）
5 ［　　　］不遜（　）
6 ［　　　］朴訥（　）
7 ［　　　］素餐（　）
8 ［　　　］沐雨（　）
9 ［　　　］夷狄（　）
10 無欲［　　　］（　）
11 ［　　　］閉月（　）
12 ［　　　］尽瘁（　）

きんじゅう	らいらく	しゅうか
しっぷう	きょうおん	てんたん
ここう	ほうへん	ごうき
きっきゅう	しい	ごうがん

ア. 官職にありながら職責を果たさないこと。
イ. 誉めたりけなしたりすること。
ウ. 意志が強く正直で誠実なこと。
エ. ひたすら心を尽くして国事につとめること。
オ. 野蛮な異民族。
カ. あっさりしていて欲がないこと。
キ. 思い上がって人に従おうとしないこと。
ク. 寂しく暮らしているときに受ける人の訪れ。
ケ. 美しい女性のこと。
コ. 大らかで小さいことにこだわらないこと。
サ. 頑なに他人を寄せ付けないこと。
シ. 非常に苦労することのたとえ。

5 次の［　　］に入る適切な語句を□から選び、漢字に直して記入せよ。また、完成した四字熟語の意味を、■（ア～シ）から選び、下の（　）に符号で記せ。

1 往事［　　］（　）
7 ［　　］鑠石（　）
2 海市［　　］（　）
8 樽俎［　　］（　）
3 銅駝［　　］（　）
9 拈華［　　］（　）
4 造次［　　］（　）
10 星火［　　］（　）
5 肉山［　　］（　）
11 ［　　］蹐地（　）
6 爬羅［　　］（　）
12 八面［　　］（　）

せっしょう	ほりん	びょうぼう
きょくてん	りょうげん	しんろう
てっけつ	けいきょく	みしょう
てんぱい	れいろう	りゅうきん

ア． あわただしいとき。とっさのとき。
イ． 国の滅亡を嘆くことのたとえ。
ウ． 言葉によらず心から心へ伝えること。
エ． 透き通って明らかなこと。
オ． 贅沢な宴会。
カ． 過ぎ去った昔のことは遠くかすかだということ。
キ． なごやかに交渉すること。
ク． 非常に恐れて身の置き所がないこと。
ケ． 厳しい暑さのたとえ。
コ． 現実性に乏しい考えや理論。
サ． 隠れた人材を見つけて用いること。また、人の秘密や欠点を暴くこと。
シ． 初めは小さな勢力でも次第に成長して侮れなくなる。

四字熟語

解答と解説

ステップ3

P54~58

1

1 匪躬・ウ
2 大笑・ク
3 服膺・ア
4 好評・コ
5 余韻・イ
6 和気・ケ
7 喋喋・エ
8 勇気・カ
9 眼光・オ
10 諤諤・キ

2

1 一攫・コ
2 一觴・サ
3 一顰・ウ
4 緊褌・イ
5 乾坤・カ
6 三昧・ク
7 韋編・エ
8 六韜・ア
9 六臂・オ
10 六腑・キ
11 一瀉・シ
12 繚乱・ケ

3

1 左眄・ケ
2 弄月・サ
3 鼓腹・イ
4 切磋・オ
5 唇歯・キ
6 紆余・ア
7 絢爛・シ
8 爛漫・コ
9 煥発・カ
10 贔屓・エ
11 讒謗・ク
12 贔屓・ウ

4

1 跫音・ク
2 孤高・サ
3 磊落・コ
4 褒貶・イ
5 傲岸・キ
6 剛毅・ウ
7 尸位・ア
8 櫛風・シ
9 禽獣・オ
10 恬淡・恬澹・恬憺・カ
11 羞花・ケ
12 鞠躬・エ

5

1 渺茫・カ
2 蜃楼・コ
3 荊棘・イ
4 顛沛・ア
5 脯林・オ
6 剔抉・サ
7 流金・ケ
8 折衝・キ
9 微笑・ウ
10 燎原・シ
11 跼天・ク
12 玲瓏・エ

ランクアップ

1

1 蹇＝足が悪い意から、悩む、難儀する。匪躬＝匪は非、躬は自分、の意から我が身をかえりみない。

7 喃＝読みは「なん」。国語の訓義では、呼びかけの意の、「のう」と読む。

8 凜＝りりしい若武者の「りりしい」は「凜々しい」と書く。

2

1 攫＝つかみ取る意。国語の訓義はさらう。語例「人攫い」。

2 觴＝さかずきの意。

7 韋編＝書物のとじ紐。それが三度切れるほど読んだという故事から。

3

1 眄＝片目で見る。

5 輔＝車を補強する木。

4

1 跫＝足音。

7 尸＝かたしろ。身代わり。素餐＝素は空しいこと。餐は禄を食むで、いたずらに禄を食むという意味。

8 櫛風＝風にくしけずられること。

5

3 銅駝＝宮中に飾る銅製の駱駝。転じて宮殿の意。それが荊棘（いばら）に埋もれる、即ち国の滅亡を表す。

4 造次＝わずかの時間。顛沛＝つまずき倒れること。

6 爬羅＝爪でかきむしり残らず集めること。

7 鑠＝とかす。鑠石は、激しい熱気や火力を表す。

8 樽俎＝酒樽といけにえを載せる台。転じて酒宴の席。会談。

9 拈華＝花を拈（つま）んで示したところ、それに応えてほほ笑んだという故事による。

故事成語・諺

ステップ 1
準1級の漢字

▼熟語の意味と全体の意味、両方覚える！
▼出典も覚えると場面が思い浮かぶ！

学習日 ／

解答 P63

1 次の故事・諺のカタカナ部分を漢字に改めよ。

1 カナエの軽重を問う。
2 枳棘はランポウの棲む所に非ず。
3 眉にツバをつける。
4 ホラを吹く。
5 ハシにも棒にもかからぬ。
6 ヌカに釘。
7 ミジン積もって山となる。
8 人間万事サイオウが馬。
9 昔のナニガシ、今の金貸し。
10 ショウを以て石を量る。

2 次の故事・諺のカタカナ部分を漢字に改めよ。

1 ゲキリンに触れる。
2 シズに恋なし。
3 ウドの大木。
4 ケイセツの功。
5 エンオウの契り。
6 ソウコウの妻は堂より下さず。
7 ヒップも志を奪うべからず。
8 毛を謹んでカタチを失う。
9 オヒレを付ける。
10 メンピ厚し。

3 次の故事・諺のカタカナ部分を漢字に改めよ。

1 イバラの中にも三年のシンボウ。…［　］［　］
2 親のヨクメと他人のヒガメ。…［　］［　］
3 瓢箪からコマが出る。…［　］
4 虎のイを借るキツネ。…［　］［　］
5 ウルシはハげても生地ははげぬ。…［　］［　］
6 カモがネギを背負って来る。…［　］［　］
7 初心の程はムジンにケイコすべきなり。…［　］［　］
8 イチレン托生の心、後生をチギるなり。…［　］［　］
9 キュウソ猫をカむ。…［　］［　］

4 次の故事・諺のカタカナ部分を漢字に改めよ。

1 ウロコ雲が出るとイワシが豊漁。…［　］［　］
2 カセイは虎よりもタケし。…［　］［　］
3 エンジャクいずくんぞコウコクの志を知らんや。…［　］［　］
4 ウナギは夏ヤセの薬。…［　］［　］
5 カコウ有りと雖《いえど》も、食らわずんば其のウマきを知らず。…［　］［　］
6 トモに天をイタダかず。…［　］［　］
7 キンチョウ百を数うると雖《いえど》も、イッカクに如かず。…［　］［　］
8 カメの甲より年のコウ。…［　］［　］

5 次の故事・諺のカタカナ部分を漢字に改めよ。

1 万緑ソウチュウ紅一点。……
2 人生、字を識るはユウカンの始め。……
3 行きがけのダチン。……
4 衣食足りてエイジョクを知る。……
5 ブンボウ牛羊を走らす。……
6 カンタン相照らす。……
7 テップの急。……
8 ナベブタとすっぽん。……
9 シュツランの誉れ。……
10 ココウを脱する。……
11 シラフの生酔い。……
12 ノレンに腕押し。……
13 桜三月ショウブは五月。……

6 次の故事・諺のカタカナ部分を漢字に改めよ。

1 坊主憎けりゃケサまで憎い。……
2 身から出たサビ。……
3 危うきことルイランの如し。……
4 カンジョウ合って銭足らず。……
5 土用ウシに鰻。……
6 中原に鹿をオう。……
7 ワイロには誓紙を忘る。……
8 年寄りのグチ。……
9 タナゴコロに運らす。……
10 ホラヶ峠を決め込む。……
11 マかぬ種は生えぬ。……
12 人のウワサも七十五日。……
13 病コウコウに入る。……

解答と解説

故事成語・諺

ステップ1

P60～62

1

1 鼎
2 鸞鳳
3 唾
4 法螺
5 箸
6 糠
7 微塵
8 塞翁
9 何某・某
10 升

2

1 逆鱗
2 賤
3 独活
4 蛍雪
5 鴛鴦
6 糟糠
7 匹夫
8 貌
9 尾鰭
10 面皮

3

1 茨・荊・楚、辛抱
2 欲目・慾目、僻目
3 駒
4 威、狐
5 漆、剥
6 鴨・梟、葱
7 無尽、稽古
8 一蓮、契
9 窮鼠、嚙

4

1 鱗、鰯・鰮
2 苛政、猛
3 燕雀、鴻鵠
4 鰻、痩
5 嘉肴・佳肴、旨・甘・甜
6 倶、戴
7 禽鳥、一鶴
8 亀、劫・功

5

1 叢中
2 憂患
3 駄賃
4 栄辱
5 蚊虻・蚊蝱
6 肝胆
7 轍鮒
8 鍋蓋
9 出藍
10 虎口
11 素面・白面
12 暖簾
13 菖蒲

6

1 袈裟
2 錆・銹
3 累卵
4 勘定
5 丑
6 逐
7 賄賂
8 愚痴
9 掌
10 洞
11 播・蒔
12 噂
13 膏肓

ランクアップ

1

1 権力者の権威能力を疑うこと。
2 賢人は自分のいる場所を選ぶ。
5 取り扱いに困る。
8 人間の幸不幸は予測できない。
10 小人の狭い考えで君子のすることの判断はできない。

2

1 天子の怒りに触れる。
5 夫婦仲の良いこと。
6 貧しい時に苦楽を共にした妻は出世しても離縁してはならない。
7 凡人であっても志が堅固であればそれを動かすことはできない。
8 枝葉末節にこだわって肝心のことを見失うこと。

3

3 思いがけないことが実現する。
6 願ってもない好都合なこと。
9 追い詰められて必死になると弱者も強者を負かすことがある。

4

2 苛酷な政治は人食い虎よりも人を苦しめる。
3 凡人には大人物の考えを推し量ることはできない。
5 聖人の立派な教えも学ばなければわからない。
6 命をかけても報復しなければすまないほど深く怨むこと。
7 あるかないかのごくわずかなさまをいう。雀の涙。

5

5 小さなものが強大なものを動かすたとえ。
7 さしせまった危険に瀕すること。

6

3 卵を積み重ねたようにいつ崩れるかわからない危険な状態。
6 帝王の位を争う。
13 重い病におかされること。また熱中しすぎること。

故事成語・諺

ステップ2 準1級・1級の漢字

▼場面を想像し、視覚的に覚え込もう！
▼類義・対義の諺も覚えていこう！

学習日

解答 P67

1 次の故事・諺のカタカナ部分を漢字に改めよ。

1 長口上はアクビの種。

2 見栄を張るよりホオを張れ。

3 世渡りの殺生はシャカも許す。

4 唾で矢をハぐ。

5 新聞は社会のボクタク。

6 阿波に吹く風はサヌキにも吹く。

7 トタンの苦しみ。

8 フクテツを踏まず。

9 恥をススぐ。

10 リュウビを逆立てる。

2 次の故事・諺のカタカナ部分を漢字に改めよ。

1 アブハチ取らず。

2 セイヨウ白を染む。

3 一擲ケンコンを賭す。

4 ロギョの誤り。

5 エテに帆をあげる。

6 オウム能く言えども飛鳥を離れず。

7 裸でユズの木に登る。

8 命長ければホウライを見る。

9 棺をオオいて事定まる。

10 ノウ中の錐。

3 次の故事・諺のカタカナ部分を漢字に改めよ。

1 リクツとコウヤクは何処へでもつく。……［　］［　］
2 ヌれぬ先こそ露をもイトえ。……［　］［　］
3 ルリもハリも照らせば光る。……［　］［　］
4 曲がったカマには曲がったコシキ。……［　］［　］
5 座敷のチリトリ、ウチワですます。……［　］［　］
6 ソウカのイヌ。……［　］［　］
7 チョウアイ昂じてアマになす。……［　］［　］
8 トウフは売れず、カスが売れる。……［　］［　］

4 次の故事・諺のカタカナ部分を漢字に改めよ。

1 タコに骨なしクラゲに目なし。……［　］［　］
2 トビがタカを生む。……［　］［　］
3 千里のツツミもアリの穴から。……［　］［　］
4 セキゼンの家には必ずヨケイあり。……［　］［　］
5 ワラ人形もイショウから。……［　］［　］
6 ウソも誠も話のテクダ。……［　］［　］
7 エンリョなければ必ずキンユウあり。……［　］［　］
8 靴をヘダててかゆきをカく。……［　］［　］
9 在来のインシュウをボクシュする。……［　］［　］

5 次の故事・諺のカタカナ部分を漢字に改めよ。

1 後先見ずのイノシシ武者。……［　］
2 タテの両面を見よ。……［　］
3 ニシキを衣て夜行く。……［　］
4 下手なカジ屋も一度は名剣。……［　］
5 荒馬のクツワは前からとれ。……［　］
6 カンゲン耳に逆らう。……［　］
7 天を仰いでツバキする。……［　］
8 バクギャクの友。……［　］
9 舟に懲りてコシを忌む。……［　］
10 耳をオオいて鐘を盗む。……［　］
11 やはり野に置けレンゲ草。……［　］
12 ミダの光も金次第。……［　］
13 良馬はベンエイを見て行く。……［　］

6 次の故事・諺のカタカナ部分を漢字に改めよ。

1 猿の木登り、カニの横バい。……［　］［　］
2 梅にウグイス、柳にツバメ。……［　］［　］
3 エイヨウにモチの皮をむく。……［　］［　］
4 キンパクがハげる。……［　］［　］
5 トウフも二ればしまる。……［　］［　］
6 ソデ　スり合うも多（他）生の縁。……［　］［　］
7 デイチュウのハチス。……［　］［　］
8 ホウオウ　グンケイと食を争わず。……［　］［　］
9 大きいヤカンはワきが遅い。……［　］［　］

解答と解説 故事成語・諺 ステップ2

P64～66

1

1 欠・欠伸
2 頬
3 釈迦
4 刎
5 木鐸
6 讃岐・讃岐
7 塗炭
8 覆轍
9 雪・濯
10 柳眉

2

1 虻蜂・蝱蜂
2 青蠅
3 乾坤
4 魯魚
5 得手
6 鸚鵡
7 柚子・柚
8 蓬萊
9 蓋・盇
10 嚢

3

1 理屈・理窟、膏薬
2 濡、厭
3 瑠璃、玻璃
4 釜、甑
5 塵取、団扇
6 喪家、狗
7 寵愛、尼
8 豆腐、糟・粕

4

1 蛸・鮹・鱆 章魚、水母・海月
2 蔦・鵰・鵄、鷹
3 堤・塘、蟻
4 積善、余慶
5 藁、衣裳・衣装
6 噓、手管
7 遠慮、近憂
8 隔、掻
9 因襲・因習、墨守

5

1 猪
2 盾・楯
3 錦・繍
4 鍛冶
5 轡・銜・勒
6 諫言
7 唾
8 莫逆
9 輿
10 掩・覆
11 蓮華
12 弥陀
13 鞭影

6

1 蟹・蝌、這
2 鶯、燕
3 栄耀・栄曜・栄燿、餅
※「栄耀」は「えよう」とも読む。
4 金箔、剝
5 豆腐、煮・烹
6 袖、摺
7 泥中、蓮
8 鳳凰、群鶏
9 薬缶・薬罐、沸

ランクアップ

1

2 世間体を考えるより内実を良くせよ。
4 いいかげんな仕事をすること。
7 泥にまみれ火に焼かれるような苦しみ。
8 同じ失敗を繰り返さない。
10 美人が怒ること。

2

5 好機を逃さず利用すること。
6 鸚鵡は人の言葉を喋るけれど人の仲間入りはできない。
7 無謀なことをするたとえ。
10 才能のある者は必ず頭角をあらわす。

3

7 愛情も度が過ぎるとかえって当人のためにならない。
8 肝心のものは進まずどうでもいいことばかり進む。

4

1 わかりきったこと。
2 平凡な親から優秀な子供が生まれること。
3 わずかな手抜かりから大事に至ること。
4 善行を積んでいる家には必ず思いがけない幸せが訪れる。
7 将来のことを考えていないと急な心配事が起きる。

5

3 出世しても故郷に帰って人々に見せなければ甲斐がない。
5 困難なことには正面から立ち向かえ。
6 忠告の言葉は、素直には聞き入れにくいものだ。
10 良心に背いてあえて悪事を行うこと。
13 賢人は人の指示をまつまでもなく善事を行う。

6

3 餅の皮をむいて食うような贅沢の果ての贅沢。
9 大人物は完成に時間がかかる。

故事成語・諺

ステップ3 1級の漢字

▼同じ意味の他の諺も覚えよう！
▼諺と熟語の、両方の意味を覚えよう！

学習日

解答 P73

1 次の故事・諺のカタカナ部分を漢字に改めよ。

1 空谷のキョウオン。
2 カギュウ角上の争い。
3 ナメクジに塩。
4 ハレモノにさわる。
5 シも舌に及ばず。
6 インジュを解く。
7 ネイゲンは忠に似たり。
8 ソクインの心は仁の端なり。
9 猛火リョウゲンより甚し。
10 ドンシュウの魚。

2 次の故事・諺のカタカナ部分を漢字に改めよ。

1 何ぞ燭をトりて遊ばざる。
2 ニガヒサゴにも取柄あり。
3 セイコクを失わず。
4 牝鶏アシタす。
5 七年の病に三年のモグサを求む。
6 ザンゼンとして頭角を現す。
7 キキに触れる。
8 セッチンで饅頭。
9 ウショウを飛ばす。
10 肺肝をクダく。

3 次の故事・諺のカタカナ部分を漢字に改めよ。

1 ロウを得てショクをのぞむ。……〔　　〕〔　　〕
2 ロウオウを奉じてショウフに沃ぐ。……〔　　〕〔　　〕
3 キョをツく。……〔　　〕〔　　〕
4 キュウジンの功をイッキに虧く。……〔　　〕〔　　〕
5 ヒフ大樹をウゴかす。……〔　　〕〔　　〕
6 孔丘トウセキ倶にジンアイ。……〔　　〕〔　　〕
7 キョウドの末ロコウに入る能わず。……〔　　〕〔　　〕
8 マナ板のコイ。……〔　　〕〔　　〕
9 コウガクにウズまる。……〔　　〕〔　　〕

4 次の故事・諺のカタカナ部分を漢字に改めよ。

1 アツモノに懲りてナマスを吹く。……〔　　〕〔　　〕
2 トウリもの言わざれども下自ずからケイを成す。……〔　　〕〔　　〕
3 ウの目タカの目。……〔　　〕〔　　〕
4 ヨモギ麻中に生ずればタスけずして直し。……〔　　〕〔　　〕
5 いずれアヤメかカキツバタ。……〔　　〕〔　　〕
6 鉤を窃む者はチュウせられ、国を窃む者はショコウとなる。……〔　　〕〔　　〕
7 月にムラクモ、花に風。……〔　　〕
8 ガマは日夜鳴けども人聴かず。……〔　　〕
9 磯のアワビの片思い。……〔　　〕

5 次の故事・諺のカタカナ部分を漢字に改めよ。

1 リョウショウの志。
2 テンライを聞く。
3 鐘鳴テイショクの家。
4 オトガイで蠅を追う。
5 兵はキドウなり。
6 イタチのなき間の貂誇り。
7 カカクの争い。
8 力を伐る。
9 エボシを着せる。
10 暴虎ヒョウガの勇。
11 スウロの学。
12 貴珠センボウより出ず。
13 スリコギで腹を切る。

6 次の故事・諺のカタカナ部分を漢字に改めよ。

1 タイベンは訥なるが若し。
2 シコウの聡。
3 ツナがざる舟の若し。
4 コチョウの夢。
5 エンカの駒。
6 コウシツの契り。
7 ヒンセイは改む可からず。
8 ヒキュウの節。
9 人のフンドシで相撲を取る。
10 羊頭を懸けてクニクを売る。
11 焼けボックイには火がつき易い。
12 舜も人なり我もマタ人なり。
13 焼け野のキギス、夜の鶴。

7 次の故事・諺のカタカナ部分を漢字に改めよ。

1 石にクチススぎ流れに枕す。
2 神仏コンコウ火事掛け合い。
3 ホウウの嗟き。
4 シャショクの臣。
5 モッコウにして冠す。
6 ヤクロウ中の物。
7 寝た牛にアクタ掛くる。
8 岐にコクし練に泣く。
9 アダに兵を籍し盗に糧を齎す。
10 内に省みてヤマしからず。
11 学びて思わざれば則ちクラし。
12 全きを求むるのソシリ。
13 舌をフルう。

8 次の故事・諺のカタカナ部分を漢字に改めよ。

1 バラに棘あり。
2 エイスイに耳を洗う。
3 ソウカイ変じて桑田となる。
4 ヒイキの引き倒し。
5 カイドウの睡り未だ足らず。
6 黒牛ハクトクを生む。
7 鳥なき里のコウモリ。
8 ソンヨの言。
9 青天のヘキレキ。
10 一字のホウヘン。
11 脂に画き氷にチリバむ。
12 ケイコ春秋を知らず。
13 アンコウの待ち食い。

9 次の故事・諺のカタカナ部分を漢字に改めよ。

1 タンピョウしばしば空し。……〔　　〕
2 レイスイの交わり。……〔　　〕
3 ホコを揮って日を反す。……〔　　〕
4 河童に塩をアツラえる。……〔　　〕
5 カンポウの交わり。……〔　　〕
6 朝菌はカイサクを知らず。……〔　　〕
7 コウガクに塡まる。……〔　　〕
8 ゴウレイ自ら用う。……〔　　〕
9 シトクの愛。……〔　　〕
10 ガイ風南よりして彼の棘心を吹く。……〔　　〕
11 カクシャクたるかな是の翁や。……〔　　〕
12 クンシュ山門に入るを許さず。……〔　　〕
13 ホンドの基は高きを成す能わず。……〔　　〕

10 次の故事・諺のカタカナ部分を漢字に改めよ。

1 タモトを投じて起つ。……〔　　〕
2 イッサンを博す。……〔　　〕
3 人のゴボウで法事する。……〔　　〕
4 大旱のウンゲイを望む。……〔　　〕
5 善行はテッセキ無し。……〔　　〕
6 墨突クロまず。……〔　　〕
7 カイより始めよ。……〔　　〕
8 血をススって盟を為す。……〔　　〕
9 既往はトガめず。……〔　　〕
10 蚊のマツゲに巣くう。……〔　　〕
11 鉄中のソウソウ。……〔　　〕
12 ハカリゴトを帷幄の中に運らす。……〔　　〕
13 アウンの呼吸。……〔　　〕

解答と解説

故事成語・諺

ステップ3

P68～72

1

1 跫音
2 蝸牛
3 蛞蝓
4 腫物
5 駟
6 印綬
7 佞言
8 惻隠
9 燎原
10 呑舟

2

1 乗
2 苦瓢
3 正鵠
4 晨
5 艾
6 嶄然
7 忌諱
8 雪隠
9 羽觴
10 摧

3

1 朧、蜀
2 漏甕・漏瓮・漏甌、焦釜
3 虚、衝
4 九仞、一簣
5 蚍蜉、撼
6 盗跖、塵埃
7 強弩、魯縞
8 俎・真魚、鯉
9 溝壑、塡

4

1 羹、膾
2 桃李、蹊
3 鵜、鷹
4 蓬、扶
5 菖蒲、杜若
6 誅、諸侯
7 叢雲・群雲
8 蝦蟇
9 鮑・鰒・蚫・石決明

5

1 凌霄
2 天籟
3 鼎食
4 頤
5 詭道
6 鼬・鼬鼠
7 蝸角
8 柯
9 烏帽子
10 馮河・憑河
11 鄒魯
12 賤蚌
13 擂粉木・摺粉木

6

1 大辯
2 師曠
3 繫
4 胡蝶・蝴蝶
5 轅下
6 膠漆
7 稟性
8 匪躬
9 禪
10 狗肉
11 棒杭・木杙
12 亦
13 雉子・雉

7

1 漱
2 混淆
3 鴇羽
4 社稷
5 沐猴
6 薬籠
7 芥
8 哭
9 寇
10 疚・疾
11 罔
12 毀
13 揮・振

8

1 薔薇
2 潁水
3 滄海
4 贔屓・贔負
5 海棠
6 白犢
7 蝙蝠
8 巽与
9 霹靂
10 褒貶
11 鏤・嵌
12 蟪蛄・恵蛄
13 鮟鱇

9

1 簞瓢
2 醴水
3 戈
4 誂
5 管鮑
6 晦朔
7 溝壑
8 剛戻
9 舐犢
10 凱
11 矍鑠
12 葷酒
13 畚土

10

1 袂
2 一粲
3 牛蒡
4 雲霓
5 轍迹
6 黔
7 隗
8 啜・歃
9 咎
10 睫・睫毛
11 錚錚
12 籌
13 阿吽

ランクアップ

1 10大人物のたとえ。
2 5長年の悪政は急には改められない。
3 5自分の力を考えず大それたことを企む。
4 6泥棒は罰を受け、国を盗む者は諸侯になる。
5 11鄒は孟子、魯は孔子の故郷。孔孟の学問。
6 2晋の師曠は音を聞き分け吉凶を当てた。
7 7何も知らぬ者に罪を着せる。
8 5美人の寝覚めの艶かしい美しさの形容。
9 6朝に生じ晩に枯れる菌(きのこ)から、短命のたとえ。
10 2自分の詩文を見せるときの謙遜した言葉。

対義語・類義語

ステップ 1 準1級の漢字

▼対義語・類義語問題は語彙の量が勝負！
▼類義語は複数解答になる場合に注意！

学習日

解答 P77

1 次の上段には対義語を、下段には類義語を　から選んで漢字に直して記せ。

対義語

1 被覆―［　　］
2 憂鬱―［　　］
3 進取―［　　］
4 莫大―［　　］

類義語

5 虚言―［　　］
6 愚昧―［　　］
7 政争―［　　］
8 機転―［　　］

ちくろく　らしゅつ　たいえい　もうご
ろどん　とんち　きんしょう　そうかい

2 次の上段には対義語を、下段には類義語を　から選んで漢字に直して記せ。

対義語

1 緊張―［　　］
2 卑近―［　　］
3 強靱―［　　］
4 軽微―［　　］

類義語

5 経緯―［　　］
6 腹心―［　　］
7 逆浪―［　　］
8 練習―［　　］

ここう　けいこ　じんだい　うえん
ぜいじゃく　てんまつ　どとう　しかん

3 次の上段には対義語を、下段には類義語を［　］から選んで漢字に直して記せ。

対義語

1 暴露―［　］
2 着工―［　］
3 天神―［　］
4 付与―［　］
5 失墜―［　］

類義語

6 融和―［　］
7 元凶―［　］
8 葛藤―［　］
9 不義―［　］
10 教導―［　］

こんしん　ぼくたく　ちぎ　はくだつ
しゅかい　ばんかい　いんぺい　かんつう
もんちゃく　しゅんせい

4 次の上段には対義語を、下段には類義語を［　］から選んで漢字に直して記せ。

対義語

1 派遣―［　］
2 発病―［　］
3 蓄財―［　］
4 親愛―［　］
5 尊崇―［　］

類義語

6 突如―［　］
7 退屈―［　］
8 矛盾―［　］
9 軽率―［　］
10 愉快―［　］

きんき　しょうかん　ぼうとく　ぞうお
どうちゃく　とうじん　けんたい　ちゆ
そこつ　がぜん

5 次の上段には対義語を、下段には類義語を［ ］から選んで漢字に直して記せ。

対義語

1 停滞―［　　］
2 暴露―［　　］
3 凝視―［　　］
4 大胆―［　　］
5 緩慢―［　　］

類義語

6 切迫―［　　］
7 核心―［　　］
8 仰天―［　　］
9 無知―［　　］
10 抑制―［　　］

もうまい　けんせい　おくびょう　ひとく
しんちょく　しょうび　せいこく　びんしょう
べっけん　どうてん

6 次の上段には対義語を、下段には類義語を［ ］から選んで漢字に直して記せ。

対義語

1 多弁―［　　］
2 不毛―［　　］
3 綿密―［　　］
4 詰責―［　　］
5 肥満―［　　］

類義語

6 不平―［　　］
7 道化―［　　］
8 夕食―［　　］
9 滞在―［　　］
10 動向―［　　］

ばんさん　こっけい　とうりゅう　かもく
そうしん　ひよく　ずさん　すうせい
ぐち　りょうじょ

解答と解説

対義語・類義語 ステップ1

P74～76

1
1 裸出
2 爽快・壮快
3 退嬰
4 僅少
5 妄語
6 魯鈍
7 逐鹿
8 頓知・頓智

2
1 弛緩
2 迂遠・紆遠
3 脆弱
4 甚大
5 顚末
6 股肱
7 怒濤
8 稽古

3
1 隠蔽・陰蔽
2 竣成
3 地祇
4 剝奪
5 挽回
6 懇親
7 首魁
8 悶着・悶著・捫着・捫著
9 姦通
10 木鐸

4
1 召還
2 治癒
3 蕩尽・盪尽
4 憎悪
5 冒瀆
6 俄然
7 倦怠
8 撞着・撞著
9 粗忽
10 欣喜

5
1 進捗・進陟
2 秘匿
3 瞥見
4 臆病
5 敏捷
6 焦眉
7 正鵠
8 動顚・動転
9 蒙昧・曚昧・曚昧
10 牽制

6
1 寡黙
2 肥沃
3 杜撰
4 諒恕
5 痩身
6 愚痴
7 滑稽
8 晩餐
9 逗留
10 趨勢

ランクアップ

1
3 ひきこもる。しりごみする意。
5 妄はうそ、でたらめの意。
6 魯はおろか、鈍はにぶいの意。
7 故事「中原に鹿を逐う」から。中原は天下の中心地。鹿を帝位にたとえ、帝位・政権を争うこと。
8 頓は急に、臨機にの意。頓知で臨機応変に働く知恵。

2
1 弛も緩も訓読みはゆる(む)。
2 迂は遠回りする、うといなどの意。語例＝迂回、迂闊など。
3 靱は弾力があって強い意。語例＝靱帯。脆は柔らかで歯切れよい肉の意から、もろい、弱い。
6 もももとひじ。手足のこと。「股肱の臣」は主君の手足となって働く家来。

3
3 地の神。
7 かしら、首謀者の意。魁の訓読みはさきがけ。
10 木製の舌を持った鉄の鈴。人民に法令などを示すときに鳴らしたことから、社会を教え導く人の意。

4
5 冒はおかす、瀆はけがす、よごす意。
8 突き当たること。つじつまが合わないこと。
9 忽はゆるがせにする、忘れる意。

5
3 瞥はちらっと見ること。
7 的の真ん中の黒丸。物事の急所。
8 顚はさかさまになる、たおれる意。動顚で驚きあわてる意。
9 蒙も昧もくらい、道理に通じない意。

6
4 詰責は問い詰め責めること。諒恕は事情を汲んでゆるすこと。

対義語・類義語

ステップ2 準1級・1級の漢字

▼対になる語とセットで覚え込もう！
▼書くときは同音の異字に注意しよう！

学習日　／

解答 P81

1 次の上段には対義語を、下段には類義語を［　］から選んで漢字に直して記せ。

対義語

1 支持―［　　］
2 解決―［　　］
3 貫徹―［　　］
4 雄飛―［　　］

類義語

5 看病―［　　］
6 巨頭―［　　］
7 月並―［　　］
8 隆盛―［　　］

じゅうちん　ざせつ　じょうとう　かいほう
しふく　ぼっこう　はんばく　ふんきゅう

2 次の上段には対義語を、下段には類義語を［　］から選んで漢字に直して記せ。

対義語

1 感嘆―［　　］
2 晩成―［　　］
3 貞節―［　　］
4 快諾―［　　］

類義語

5 心配―［　　］
6 危篤―［　　］
7 僅少―［　　］
8 仲介―［　　］

しゅんきょ　ひんし　さしょう　ばとう
いんぽん　あっせん　しゅくせい　けねん

3 次の上段には対義語を、下段には類義語を から選んで漢字に直して記せ。

対義語

1 衆徒 ―［　　］
2 直行 ―［　　］
3 剛毅 ―［　　］
4 捕縛 ―［　　］
5 失神 ―［　　］

類義語

6 激励 ―［　　］
7 陰謀 ―［　　］
8 薬箱 ―［　　］
9 料理 ―［　　］
10 新鮮 ―［　　］

そせい　やくろう　とんそう　ざんしん
かんけい　うかい　がくりょ　ひきょう
こぶ　かっぽう

4 次の上段には対義語を、下段には類義語を から選んで漢字に直して記せ。

対義語

1 厳守 ―［　　］
2 炎暑 ―［　　］
3 尊大 ―［　　］
4 隆起 ―［　　］
5 堕落 ―［　　］

類義語

6 狡猾 ―［　　］
7 小男 ―［　　］
8 愚弄 ―［　　］
9 詳述 ―［　　］
10 繁多 ―［　　］

ろうかい　しゅじゅ　いはい　かんぼつ
こうせい　そうぼう　げんかん　るじゅつ
やゆ　ひげ

5 次の上段には対義語を、下段には類義語を□から選んで漢字に直して記せ。

対義語

1 折半 ―［　］
2 彼岸 ―［　］
3 露骨 ―［　］
4 真鯉 ―［　］
5 昂然 ―［　］

類義語

6 小閑 ―［　］
7 続報 ―［　］
8 不審 ―［　］
9 習癖 ―［　］
10 漫然 ―［　］

ほうらつ　ひごい　しょうぜん　ろうだん
えんきょく　けげん　すんげき　るほう
しがん　だせい

6 次の上段には対義語を、下段には類義語を□から選んで漢字に直して記せ。

対義語

1 愚鈍 ―［　］
2 浄土 ―［　］
3 冷涼 ―［　］
4 阻止 ―［　］
5 金玉 ―［　］

類義語

6 親密 ―［　］
7 天性 ―［　］
8 陰険 ―［　］
9 気骨 ―［　］
10 汲汲 ―［　］

ふとう　どかい　せんどう　しゃくねつ
れいり　えど　じっこん　ろうれつ
あくせく　ひんせい

解答と解説 対義語・類義語 ステップ2

P78~80

1
1 反駁・反駮
2 紛糾
3 挫折
4 雌伏
5 介抱
6 重鎮
7 常套
8 勃興

2
1 罵倒
2 夙成
3 淫奔
4 峻拒
5 懸念
6 瀕死
7 些少
8 斡旋

3
1 学侶
2 迂回・迂廻・紆回・紆廻
3 卑怯
4 遁走・遯走
5 蘇生・甦生
6 鼓舞
7 奸計・姦計
8 薬籠
9 割烹
10 斬新

4
1 違背
2 厳寒
3 卑下
4 陥没
5 更生
6 老獪
7 侏儒・朱儒

3（続き）
8 揶揄・邪揄
9 縷述
10 怱忙・匆忙

5
1 壟断
2 此岸
3 婉曲
4 緋鯉
5 悄然
6 寸隙
7 屢報
8 怪訝
9 惰性
10 放埒

6
1 怜悧
2 穢土
3 灼熱
4 煽動
5 土芥
6 昵懇・入魂
7 稟性
8 陋劣
9 不撓
10 偓促・齷齪

ランクアップ

1
1 駁は毛色のまだらな馬、転じて混じる、誤るの意。反駁で他人の意見に反対し、その誤りを論じること。
8 勃はにわかに、急にの意。勃興で急に勢いが強くなること。

2
2 夙は早い。夙成で早くから完成する意。早熟。
6 篤は病気が重い意。危篤で病気が重く命が危うい意。
8 斡も旋もめぐらす、まわす意。斡旋でとりもつ。世話をする。

3
8 薬を入れるはこ。
9 割は肉をさく、烹は煮る。割烹で食物を料理する意。それを供する料理屋。

4
6 獪はわるがしこいこと。老獪は長い間世の中の経験を積んでわるがしこいこと。
7 侏儒は小人、一寸法師の意。小人を役者に用いたので俳優の意もある。
8 からかう、なぶる意。
9 くわしくのべること。
10 いそがしい、せわしい意。

5
1 壟は丘。壟断は断ち切ったように高く聳えた所。高い所に上って市場全体を眺め値段を見比べて大もうけした故事により、利益を独り占めすること。

6
2 穢はけがれ、よごれ。穢土で苦しみやけがれの多いこの世のこと。
6 昵は近づく、なじむ。懇はねんごろ、誠意がある意。昵懇で親しい、心やすい意。
10 齷も齪もこせつくさま。音はアクサク。国語のあくせくはこれがなまったもの。

対義語・類義語

ステップ 3 1級の漢字

▼わかる問題から解いていこう!
▼類義語は意味もセットで覚えよう!

学習日

解答 P87

1 次の上段には対義語を、下段には類義語を□から選んで漢字に直して記せ。

対義語

1 露出―[　　]
2 圧勝―[　　]
3 尊貴―[　　]
4 煽動―[　　]

類義語

5 心配―[　　]
6 交際―[　　]
7 栄華―[　　]
8 壮烈―[　　]

えいよう　ざんぱい　しれつ　かんし
きゆう　こうぎ　しゃへい　ひせん

2 次の上段には対義語を、下段には類義語を□から選んで漢字に直して記せ。

対義語

1 能弁―[　　]
2 駿馬―[　　]
3 淡白―[　　]
4 薄暮―[　　]

類義語

5 屈強―[　　]
6 越権―[　　]
7 廃棄―[　　]
8 臆病―[　　]

れいめい　せいかん　しつよう　ほうてき
きょうだ　せんえつ　とつべん　どば

3 次の上段には対義語を、下段には類義語を[　]から選んで漢字に直して記せ。

対義語

1 寡黙—[　　]
2 質素—[　　]
3 進展—[　　]
4 淡水—[　　]
5 粘液—[　　]

類義語

6 呑気—[　　]
7 慟哭—[　　]
8 跳梁—[　　]
9 造詣—[　　]
10 平穏—[　　]

うんちく　かんすい　せいひつ　しゃし
ひょういつ　ていきゅう　しょうえき　ていとん
じょうぜつ　しょうけつ

4 次の上段には対義語を、下段には類義語を[　]から選んで漢字に直して記せ。

対義語

1 清楚—[　　]
2 感謝—[　　]
3 顕貴—[　　]
4 織女—[　　]
5 沈着—[　　]

類義語

6 永眠—[　　]
7 逡巡—[　　]
8 督励—[　　]
9 悪質—[　　]
10 邁進—[　　]

けんぎゅう　えんさ　せいきょ　けいそう
のうえん　びせん　ばくしん　べんたつ
あくらつ　ちゅうちょ

5 次の上段には対義語を、下段には類義語を▭から選んで漢字に直して記せ。

対義語

1 緻密—[　　]

2 敷居—[　　]

3 大手—[　　]

4 懲罰—[　　]

5 暗愚—[　　]

類義語

6 推薦—[　　]

7 繁栄—[　　]

8 同情—[　　]

9 破滅—[　　]

10 徘徊—[　　]

いんしん	ほうこう	すいばん	ずさん
ほうしょう	れんびん	かいめつ	かもい
そうめい	からめて		

6 次の上段には対義語を、下段には類義語を▭から選んで漢字に直して記せ。

対義語

1 低湿—[　　]

2 祝賀—[　　]

3 険道—[　　]

4 恩義—[　　]

5 私撰—[　　]

類義語

6 縮小—[　　]

7 濃密—[　　]

8 虚偽—[　　]

9 難関—[　　]

10 改作—[　　]

ぎまん	たんろ	こうそう	ちょくせん
しゅうれん	あいろ	あいとう	えんこん
ちゅうみつ	かいざん		

7 次の上段には対義語を、下段には類義語を　　から選んで漢字に直して記せ。

対義語

1 無礼 ―［　　］
2 先祖 ―［　　］
3 頑丈 ―［　　］
4 静寂 ―［　　］
5 散漫 ―［　　］

類義語

6 峻厳 ―［　　］
7 零落 ―［　　］
8 起源 ―［　　］
9 汗顔 ―［　　］
10 華麗 ―［　　］

らくはく　まつえい　けんそう　いんぎん
ちみつ　きょうあい　らんまん　じくじ
らんしょう　ぜいじゃく

8 次の上段には対義語を、下段には類義語を　　から選んで漢字に直して記せ。

対義語

1 貪婪 ―［　　］
2 愛嬌 ―［　　］
3 巨大 ―［　　］
4 感謝 ―［　　］
5 懈怠 ―［　　］

類義語

6 天性 ―［　　］
7 誘掖 ―［　　］
8 胡乱 ―［　　］
9 愚弄 ―［　　］
10 調整 ―［　　］

かんよう　こしゃく　やゆ　あくせく
てんたん　けげん　しんしゃく　わいしょう
ひんしつ　えんさ

9 次の上段には対義語を、下段には類義語を□から選んで漢字に直して記せ。

対義語

1 柔弱―［　　］
2 治癒―［　　］
3 薄暮―［　　］
4 汚濁―［　　］
5 帰納―［　　］

類義語

6 萎靡―［　　］
7 遅疑―［　　］
8 冤罪―［　　］
9 帯刀―［　　］
10 天誅―［　　］

はいとう　りかん　えんえき　せっかん
かくしゃく　ちゅうちょ　れいめい　むこ
せいれつ　ちょうらく

10 次の上段には対義語を、下段には類義語を□から選んで漢字に直して記せ。

対義語

1 寡言―［　　］
2 粘液―［　　］
3 騒擾―［　　］
4 堅実―［　　］
5 明確―［　　］

類義語

6 旋風―［　　］
7 陋習―［　　］
8 退屈―［　　］
9 自彊―［　　］
10 疲労―［　　］

へいふう　あいまい　こんぱい　じょうぜつ
ぐふう　せいひつ　ぶりょう　きまま
かっきん　しょうえき

解答と解説

対義語・類義語 ステップ3

P82〜86

1
1 遮蔽
2 惨敗
3 卑賤
4 諫止
5 杞憂
6 交誼
7 栄耀・栄曜・栄燿
8 熾烈

2
1 訥弁
2 駑馬
3 執拗
4 黎明
5 精悍
6 僭越
7 放擲・抛擲
8 怯懦

3
1 饒舌
2 奢侈
3 停頓
4 鹹水
5 漿液
6 飄逸
7 涕泣
8 猖獗・猖蹶
9 蘊蓄・薀蓄
10 静謐

4
1 濃艶
2 怨嗟
3 微賤
4 牽牛
5 軽躁
6 逝去
7 躊躇
8 鞭撻
9 悪辣
10 驀進

5
1 杜撰
2 鴨居
3 搦手
4 褒賞
5 聡明
6 推輓・推挽
7 殷賑
8 憐憫
9 潰滅
10 彷徨

6
1 高燥
2 哀悼
3 坦路
4 怨恨
5 勅撰
6 収斂
7 稠密・綢密
8 欺瞞
9 隘路
10 改竄

7
1 慇懃・殷勤
2 末裔
3 脆弱
4 喧噪・喧騒・喧譟
5 緻密
6 狭隘
7 落魄
8 濫觴
9 忸怩
10 爛漫

8
1 恬淡
2 小癪
3 矮小
4 怨嗟
5 齷齪
6 稟質
7 涵養
8 怪訝
9 揶揄
10 斟酌

9
1 矍鑠
2 罹患
3 黎明
4 清冽
5 演繹
6 凋落
7 躊躇
8 無辜
9 佩刀
10 折檻

10
1 饒舌
2 漿液
3 静謐
4 気儘
5 曖昧
6 颶風
7 弊風
8 無聊
9 恪勤
10 困憊

ランクアップ

1 4 いさめて思いとどまらせること。

2 2 歩みののろい馬。自分の才能を謙遜して言うときにも使う。

3 8 猖も獗もあばれまわる、たけりくるう意。

4 10 驀はまっしぐら。驀進でまっしぐらに進む。

5 3 城の裏門。
6 輓は車や船を前方から引っ張ること。推輓で人を引き上げ用いること。

6 5 勅撰は天皇の命令によって詩歌などを集め本をつくること。
10 文字を訂正する意。自分の都合のいいように改める場合に多く用いられる。

7 8 濫はうかべる、觴はさかずき。物事の始まり。

8 10 斟は水などをくむ意。斟酌で事情をくんでほどよく取り計らうこと。手心を加える。

9 8 辜は罪の意。無辜で罪のないこと。

10 6 颶風は熱帯性低気圧のこと。

共通の漢字

準1級の漢字

▼「共通の漢字」は常用漢字の書きの問題！
▼準1級漢字の熟語を覚える！

学習日

解答 P95

1 次の各組の二文の（　）には共通する漢字が入る。その読みを後の□から選び、常用漢字一字で記せ。

1 ｛斬（　　）な企画を求める。
　｛同僚を（　　）居に招く。

2 ｛（　　）沃な大地が広がる。
　｛畑に（　　）料をまく。

3 ｛寒風に（　　）套の襟を立てる。
　｛（　　）柔内剛の人が好ましい。

4 ｛祖父は（　　）僑の出である。
　｛（　　）道の師範免許をとった。

5 ｛凶悪犯の（　　）牙から逃れる。
　｛猛（　　）をもつ蛇にかまれる。

かがい　けん　し
しん　とう　どく　ひ

2 次の各組の二文の（　）には共通する漢字が入る。その読みを後の□から選び、常用漢字一字で記せ。

1 ｛口論になり、相手を罵（　　）する。
　｛遂に（　　）産に追い込まれる。

2 ｛祇園（　　）隈を散策する。
　｛生死の境（　　）をさまよう。

3 ｛国王の戴（　　）式に参列する。
　｛弱（　　）二十歳で受賞した。

4 ｛（　　）峻な山道を登る。
　｛緊（　　）事態が発生した。

5 ｛冥（　　）の土産になるいい話だ。
　｛大雨で（　　）砂崩れが発生した。

い　かい　かん　きゅう
きん　けん　ど　とう

3 次の各組の二文の（　）には共通する漢字が入る。その読みを後の□から選び、常用漢字一字で記せ。

1 {逆転勝利に（　）哉を叫ぶ。
愉（　）犯の犯行と思われる。}

2 {（　）捷な動きに目を見張る。
ピアニストの鋭（　）な聴覚。}

3 {彼女のわがままに（　）弄される。
英文のマニュアルを（　）訳する。}

4 {虫さされに効く（　）膏。
柔（　）な対応が必要とされる。}

5 {決勝戦では僅（　）で敗れた。
人種（　）別制度は撤廃された。}

6 {推理小説の（　）眉とされる作品。
源平の紅（　）の旗がなびく。}

かい　こく　さ　しょう　どう
なん　はく　びん　ほん

4 次の各組の二文の（　）には共通する漢字が入る。その読みを後の□から選び、常用漢字一字で記せ。

1 {病人は昏（　）状態にある。
夏休みにはよく午（　）をした。}

2 {（　）悶の表情を浮かべる。
難行（　）行に耐え抜く。}

3 {彼女の美貌は羨（　）の的だ。
（　）郷の思いにとらわれる。}

4 {不満そうな（　）吻をもらす。
入社試験は（　）頭で行われる。}

5 {父のために（　）肴をつくる。
医師から禁（　）を言い渡された。}

6 {事実を歪（　）した報道。
空中ブランコの（　）芸を見る。}

かん　きょく　く　げん　こう
じき　しゅ　すい　ぼう

5 次の各組の二文の（　）には共通する漢字が入る。その読みを後の□から選び、常用漢字一字で記せ。

1
蔵から正月用の什（　）を出す。
（　）物損壊の罪でつかまる。

2
凱（　）パレードを行う。
球界に（　）風を巻き起こす。

3
政治情勢は（　）沌としてきた。
（　）雑する駅を通り抜ける。

4
相手の姑（　）な手段に憤る。
ご子（　）は成人されましたか。

5
苦労して吃（　）を克服した。
和楽器の（　）階を学ぶ。

6
厭（　）ムードが広まっている。
技術の進歩は隔（　）の感がある。

あん　おん　き　こん　しん
せい　せん　そく　た

6 次の各組の二文の（　）には共通する漢字が入る。その読みを後の□から選び、常用漢字一字で記せ。

1
暴徒が掠（　）を行った。
祭で旗の争（　）戦が始まる。

2
彼は（　）沫候補といわれる。
徹夜の作業が水（　）に帰する。

3
傭（　）として最前線で戦う。
十八歳になると（　）役に服する。

4
剃（　）して尼になる。
「白（　）三千丈」の嘆き。

5
失敗の責任転嫁は（　）怯だ。
（　）俗な言葉を発する。

6
皇帝の寵（　）を受ける。
青春の日々を（　）惜する。

あい　こう　だつ　てい
はつ　ひ　へい　ほう　よう

7 次の各組の二文の（　）には共通する漢字が入る。その読みを後の□から選び、常用漢字一字で記せ。

1
- 臆（　）な性格は直らない。
- 長い闘（　）生活を送る。

2
- 株取引の損失を（　）塡する。
- 改訂で旧版を増（　）する。

3
- 嬰（　）を胸に抱く。
- （　）孫の為に美田を買わず。

4
- 短歌集を（　）纂した。
- シリーズ続（　）が待たれる。

5
- 社長は猪（　）猛進である。
- （　）風にあおられ転倒する。

6
- 新製品は汎（　）性がある。
- 職権濫（　）は許されない。

こ　さつ　じ　てん　とつ　びょう　へん　ほ　よう

8 次の各組の二文の（　）には共通する漢字が入る。その読みを後の□から選び、常用漢字一字で記せ。

1
- 放射線曝（　）の危険性がある。
- 嫌悪感を（　）骨に顔に出す。

2
- 銘酒の（　）醇な味わいに酔う。
- 消費者の好む（　）香剤の開発。

3
- サンタクロースに扮（　）する。
- ミサイル（　）備の駆逐艦。

4
- 大使館で難民を庇（　）する。
- 大統領に（　）衛をつける。

5
- テロが戦争を惹（　）した。
- 新法の原案を（　）草する。

6
- 週末の（　）餐に招待される。
- 夕暮れに（　）鐘が響く。

あ　き　ご　そう　はつ　ばん　ほう　ゆう　ろ

9 次の各組の二文の（　）には共通する漢字が入る。その読みを後の□から選び、常用漢字一字で記せ。

1 お座敷に（　）妓を呼ぶ。
名人の至（　）の業。

2 被害の大きさに呆（　）とする。
悪に敢（　）と立ち向かう。

3 社員の間の（　）睦を深める。
週末に懇（　）会を開く。

4 書類に捺（　）をお願いします。
新しく（　）鑑を作る。

5 眠れる獅子が（　）醒した。
社会人としての自（　）を促す。

6 長年の仇（　）と決着をつける。
金メダルに匹（　）する成績。

いん　かく　げい　こん　しん
ぜん　てき　とう　ゆう

10 次の各組の二文の（　）には共通する漢字が入る。その読みを後の□から選び、常用漢字一字で記せ。

1 （　）侶を失い悲しみに暮れる。
子供の同（　）はかまいません。

2 （　）似餌を使って釣りをする。
昨日模（　）試験を受けた。

3 運転免許取得は（　）須の条件。
試験は辞書を（　）携のこと。

4 敗戦により諦（　）をもつ。
墓前で（　）仏を唱える。

5 厩（　）で馬の世話をする。
転勤で官（　）に引っ越す。

6 彼女の発音は（　）瞭で聞きやすい。
主旨を簡（　）にまとめなさい。

かん　ぎ　しゃ　しょ　せき
ねん　はん　ひっ　めい

11 次の各組の二文の（　）には共通する漢字が入る。その読みを後の□から選び、常用漢字一字で記せ。

1
僻（　）医療の危機が叫ばれる。
天変（　）異に見舞われる。

2
ピカソの贋（　）が発見された。
（　）物の実り豊かな秋。

3
一門の駿（　）と呼ばれた男。
思わぬ（　）覚を発揮する。

4
花嫁（　）裳を身にまとう。
着（　）水泳を体験する。

5
灯台は岬の尖（　）にある。
あなたの主張を（　）的に述べよ。

6
（　）兎の如く駆け出す。
営業不振から（　）却する。

あき　い　さい　さく しゅく　だつ　たん　ち　と

12 次の各組の二文の（　）には共通する漢字が入る。その読みを後の□から選び、常用漢字一字で記せ。

1
時代の趨（　）を見きわめる。
党の（　）力拡大を図る。

2
祖母に脳の萎（　）が見られた。
人生の（　）図のような展開。

3
イソップの寓（　）を読む。
店長は（　）術に長けている。

4
筋肉が弛（　）する薬。
役所の（　）慢な対応に怒る。

5
川は（　）渠となっている。
明（　）を分けた一投。

6
時代の寵児の凋（　）を見る。
報酬の少なさに（　）胆する。

あん　が　かん　しゅく せい　せき　とう　らく　わ

13 次の各組の二文の（　）には共通する漢字が入る。その読みを後の□から選び、常用漢字一字で記せ。

1
（　）俠映画で活躍した俳優。
北海道に単身赴（　）する。

2
煤（　）にかすんだ街並み。
工場の（　）突が取り壊された。

3
財政（　）綻の原因を探る。
人類を（　）滅から救う。

4
ロケット弾の閃（　）が走る。
泥沼の紛争に（　）明が差す。

5
わが社は（　）梁の設計を行う。
ローカル列車が鉄（　）をわたる。

6
長編大河小説の梗（　）を書く。
最近の経済情勢を（　）説する。

えん　がい　きょう　こう
ごう　した　せい　にん　は

14 次の各組の二文の（　）には共通する漢字が入る。その読みを後の□から選び、常用漢字一字で記せ。

1
ディベートで（　）駁を行う。
上層部に造（　）する一派がある。

2
人格の（　）冶を目指す。
名監督の薫（　）を受ける。

3
仕事の（　）捗状況を報告する。
IT産業の（　）展が著しい。

4
かの学生は（　）藍の誉れです。
大道具の搬（　）に手間取る。

5
（　）鼠猫を嚙む。
困（　）する世帯が増えている。

6
弁護士は法を（　）悉している。
叔母は（　）性豊かで快活だ。

きゅう　しゅつ　しん　せい
ち　とう　はん　や　ろん

共通の漢字 解答と解説

P88～94

1 1 新　2 肥　3 外　4 華　5 毒

2 1 倒　2 界　3 冠　4 急　5 土

3 1 快　2 敏　3 翻　4 軟　5 差　6 白

4 1 睡　2 苦　3 望　4 口　5 酒　6 曲

5 1 器　2 旋　3 混　4 息　5 音　6 世

6 1 奪　2 泡　3 兵　4 髪　5 卑　6 愛

7 1 病　2 補　3 児　4 編　5 突　6 用

8 1 露　2 芳　3 装　4 護　5 起　6 晩

9 1 芸　2 然　3 親　4 印　5 覚　6 敵

10 1 伴　2 擬　3 必　4 念　5 舎　6 明

11 1 地　2 作　3 才　4 衣　5 端　6 脱

12 1 勢　2 縮　3 話　4 緩　5 暗　6 落

13 1 任　2 煙　3 破　4 光　5 橋　6 概

14 1 反　2 陶　3 進　4 出　5 窮　6 知

ランクアップ

1 4華僑＝海外に長期居住する中国人。（「華」は中国、「僑」は仮住まいの意。）

2 1罵倒＝口ぎたなくののしること。「面罵」「悪罵」「痛罵」などの熟語も覚える。

3 3「弄」は、①もてあそぶ・たわむれる、②好き勝手にあつかうの意。①では、「愚弄」「嘲弄」、②では「翻弄」などの熟語がある。

5 6厭世＝世の中をうとましく思うこと。「厭離穢土」（おんりえど・えんりえど）は汚れた現世をいとうこと。

6 3傭兵＝契約に基づいて軍務に就く兵士。

7 5猪突猛進＝猛烈な勢いで突き進むこと。

8 4庇護＝弱い者をかばって守ること。「庇」はひさし。

10 4「諦」は、①あきらめる、②あきらかにするの意。「諦念」「諦観」も両方の意味がある。

11 3「駿」は、足が速い、また、すぐれた才能の意。「駿馬」「駿才」など。

12 6凋落＝落ちぶれること。

13 6梗概＝あらすじ。

14 5「窮鼠」は、追いつめられた鼠。「窮鼠猫を嚙む」は、弱者も追いつめられれば強者に必死の反撃をすること。

国字

1級の漢字

▼国字は「書き」の問題として出題される！
▼国字は全部で160字程度。確実に覚えよう！

学習日

解答 P101

1 次のカタカナの部分を国字で記せ。

1 ササの葉で団子を包む。

2 京のトガの尾に遊ぶ。

3 正月にタコ揚げをする。

4 穏やかなナギの海。

5 山のフモトまで歩く。

6 今年はイワシが豊漁だ。

7 ハナシ家が高座に上る。

8 カシの大木を写真に撮る。

9 髪を五センチメートル切る。

10 脱穀してモミ米を作る。

11 木目の紋様をモクという。

2 次のカタカナの部分を国字で記せ。

1 干潟にシギが飛来した。

2 カケスが鳴きまねをする。

3 かぐわしいニオいがする。

4 スイ臓が炎症を起こした。

5 師走の街にコガラシが吹く。

6 三キロメートルの道のり。

7 磯のアワビの片思い。

8 居酒屋でマス酒を飲む。

9 着物のツマをとって歩く。

10 雨のシズクがたれる。

11 壁に画ビョウでとめる。

3 次のカタカナの部分を国字で記せ。

1 虎が餌にクらいつく。

2 暖かい炬タツでぬくまる。

3 鮟コウ鍋が食べたい。

4 四つツジで待ち合わせる。

5 一トン車を運転する。

6 スギの林が広がる。

7 神棚にサカキを供える。

8 ナマズが生息する沼。

9 カカア天下と空っ風。

10 一ミリグラム少ない。

11 ブリキの玩具で遊ぶ。

12 のどに餅がツカえる。

13 タラを塩漬けにする。

4 次のカタカナの部分を国字で記せ。

1 一・五キロリットル入る瓶。

2 カジカは清澄な川にすむ。

3 シカと間違いございません。

4 マサキで生け垣を造る。

5 風邪で扁桃センが腫れる。

6 必死に笑いをコラえる。

7 山のハザマの温泉に行く。

8 庭の草ムシリを手伝う。

9 敵の大将をヤリで突く。

10 糂タとはぬかみそのことだ。

11 雪道でスベって転ぶ。

12 イスカの嘴は交差している。

13 コウ纈は絞り染めの名である。

5 次のカタカナの部分を国字で記せ。

1 カザリ師に簪を作ってもらう。

2 アッパレ日本一の剛の者。

3 カセで糸を巻きとる。

4 身長六フィートの男性。

5 クルマを人に引いてもらう。

6 サテ、次の話題に移ります。

7 ソリに乗って滑る。

8 ヤナ打ち渡す瀬を速み。

9 わがたつソマに冥加あれ。

10 一デシグラムの粉。

11 一センチリットルの水。

12 エビの鯛交り。

13 ヤガて来る未来のために。

6 次のカタカナの部分を国字で記せ。

1 親のシツケがなっていない。

2 オオせに従います。

3 山へモミジ狩りに行く。

4 ツグミを定点観察する。

5 トテもかくても同じことだ。

6 壁の下地にコマイを組み込む。

7 低湿地のことをヤチという。

8 カミシモを脱いで話す。

9 ハンゾウで手を洗う。

10 穀物をカマスの中に入れる。

11 シンシに布を張って染める。

12 ウン繝彩色の雲形。

13 三ヘクトグラムの粉。

7 次のカタカナの部分を国字で記せ。

1 酔ってチドリ足になる。

2 イカルには黄色い嘴がある。

3 太刀のハバキは二三寸。

4 ドジョウ掬いをする。

5 コハゼで足袋をとめる。

6 ダニを退治する。

7 ホロのある馬車。

8 デカリットルは体積の単位だ。

9 ナタで薪を割る。

10 ユキをはかって着物を作る。

11 一ミリメートルの誤差。

12 天のサカホコを立てる。

13 タスキ掛けして掃除する。

8 次のカタカナの部分を国字で記せ。

1 ムロの木を歌に詠む。

2 テ爾遠波もちゃんと書けない。

3 イリから水を流す。

4 キスの天婦羅を揚げてもらう。

5 弓の弦がトモに当たる音がした。

6 金沢名物ゴリの佃煮。

7 コノシロの幼魚をしんこという。

8 一キログラムの金塊。

9 亡き母のオモカゲが残っている。

10 店はセガレにまかせました。

11 ハタハタはしょっつる鍋の材料。

12 トチの実で餅をつくる。

13 アサリ汁を飯にかけた深川丼。

9 次のカタカナの部分を国字で記せ。

1 一ミリリットルの試薬を加える。

2 ニオの海は琵琶湖の別称。……

3 一ガロンは約二升。……

4 黒革オドシの鎧を身につける。

5 敵陣に向けオオヅツが火を吐く。

6 正月用カズノコの値が上がる。

7 どぶろく用のコウジをもらう。

8 きれいなニエがでている名刀。

9 ムロアジでくさやをつくる。…

10 竹先を割ってササラにする。…

11 正月節会にハラカを献上する。

12 矢ガスリの着物を着た女。……

13 シャクにさわる事ばかりだ。…

10 次のカタカナの部分を国字で記せ。

1 クヌギの下で団栗を拾う。……

2 清流を上ってイワナを釣る。…

3 墓前にシキミを供える。……

4 天守に金のシャチホコが輝く。

5 赤城オロシが身に染みるぜ。…

6 荒壁に藁をスサとして混ぜ込む。

7 ウ飩は讃岐が一番。……

8 二本の材木をカスガイでつなぐ。

9 近衛文マロは三度首相を務めた。

10 氷の上のワカサギ釣り。……

11 一デシリットルは百立方糎。…

12 ゴザの上で花見の宴を開く。…

13 日本産野生トキは絶滅した。…

解答と解説 国字

P96〜100

1
1 笹　2 栂　3 凧　4 凪　5 梺　6 鰯　7 噺　8 樫　9 糎　10 籾　11 杢

2
1 鴫　2 鶯　3 匂　4 膵　5 凩　6 粁　7 蚫　8 枡　9 棲　10 雫　11 鋲

3
1 喰　2 燵　3 鱇　4 辻　5 噸・瓲　6 椙　7 榊　8 鯰・魸　9 嬶　10 瓩　11 錻　12 閊　13 鱈

4
1 竏　2 鮎　3 聢　4 柾　5 腺　6 怺　7 硲　8 毟・挘　9 鑓　10 粏　11 辷　12 鶍　13 纐

5
1 錺　2 遖　3 枠　4 呎　5 俥　6 扨　7 艝・轌　8 簗　9 杣　10 砿　11 塰　12 蛯　13 軈

6
1 躾　2 諚　3 椛　4 鶇　5 迚　6 榀　7 萢　8 裃　9 楾　10 叺　11 簓　12 繧　13 瓸

7
1 衡　2 鵤　3 錮　4 鯲　5 鞐　6 蟎　7 褜　8 圸　9 岾　10 裄　11 粍　12 鎹　13 襷

8
1 榁　2 弖　3 圦　4 鱚　5 鞆　6 鯐　7 鮗　8 瓧　9 俤　10 躮　11 鱩・鰰　12 栃　13 鯏

9
1 瓱　2 鳰　3 呏　4 縅　5 熕　6 鯑　7 糀　8 錵　9 鯥　10 彅　11 鰚　12 綛・纃　13 癪

10
1 椚　2 鮇　3 柫　4 鯱　5 凬　6 芀　7 匾　8 鎹　9 磨　10 鰙　11 竕　12 蓙　13 鴾

ランクアップ

5 1 錺師は金属の細工物を作る職人。
9 杣は材木を取る山。「わがたつ杣」は伝教大師の歌により比叡山を指す。

6 9 楾は小さなたらい。

7 10 裄は背の中心から手首までの長さ。

8 3 圦は土手の下に樋を埋め水の出入りを調節するもの。

9 11 鰚はマスの別名。

誤字訂正

準1級の漢字

▼見て違和感のある漢字・熟字に注意！
▼部首も重要なヒントになる！

学習日

解答 P107

1 次の各文にまちがって使われている同じ音訓の漢字が一字ある。上に誤字、下に正しい漢字を記せ。

1 父の弟で、仏蘭西料理店を営む伯父がきた。……［　］［　］

2 新設された実験用高速増殖炉が臨海状態に達した。……［　］［　］

3 金蒔絵の御逗子に御仏の像を安置する。……［　］［　］

4 新人監督の抜擢が成功し芸術祭の将励賞をとった。……［　］［　］

5 倫敦市民を震撼させた連続凌奇殺人事件。……［　］［　］

2 次の各文にまちがって使われている同じ音訓の漢字が一字ある。上に誤字、下に正しい漢字を記せ。

1 運不天賦で全財産を賭けた大勝負に打って出た。……［　］［　］

2 仮装舞踏会で楽団が流麗な演舞曲を演奏した。……［　］［　］

3 捜査当局の厳しい取締りを逃れ潜航活動を続ける。……［　］［　］

4 工面して戴いたお金を仇疎かには致しません。……［　］［　］

5 戦国武将は敵の目を暗ますため陰武者を用意した。……［　］［　］

3 次の各文にまちがって使われている同じ音訓の漢字が一字ある。上に誤字、下に正しい漢字を記せ。

1 生物の進化の課程では自然淘汰よりも突然変異のほうが重要である。……〔　〕〔　〕

2 地域振興部長の職を辞めたいという甥を遺留した。……〔　〕〔　〕

3 貿易協約に違反した企業や団体には罰則を課す。……〔　〕〔　〕

4 功績大だった彼の葬儀には首相も参列し顕花した。……〔　〕〔　〕

5 積年の弊が積もって改革が必要だが渦中の栗を拾う者がいない。……〔　〕〔　〕

6 彼の義母に対する仕打ちは人輪にもとる行為だ。……〔　〕〔　〕

4 次の各文にまちがって使われている同じ音訓の漢字が一字ある。上に誤字、下に正しい漢字を記せ。

1 事が意外に上首尾に運んだので閲に入っている。……〔　〕〔　〕

2 突然手に手に鎚や斧などの獲物を手にした屈強な男連中が雪崩込んできた。……〔　〕〔　〕

3 月天真貧しき町を通りけり、は与謝蕪村の名句。……〔　〕〔　〕

4 極秘情報により店の監視を続けること数か月、ついに犯人の姿を補捉した。……〔　〕〔　〕

5 鐘鼓で探してもこんな良い婿は全く以ていない。……〔　〕〔　〕

6 山に差し掛かると一点俄に掻き曇り。……〔　〕〔　〕

5 次の各文にまちがって使われている同じ音訓の漢字が一字ある。上に誤字、下に正しい漢字を記せ。

1 経済成長の続く中国だが景気の加熱が心配だ。…〔　〕〔　〕

2 庄屋の跡取は佳報は寝て待てと鍬も鋤も持たず畑にも出ない道楽息子。…〔　〕〔　〕

3 職人が工夫を懲らして作り上げた見事な出来栄えの細工物を鑑賞した。…〔　〕〔　〕

4 先代の旦那が隠徳を積んだお蔭で店も大いに繁盛している。…〔　〕〔　〕

5 架橋工事の為に近在の村から人夫を刈り集める。…〔　〕〔　〕

6 呵借のない殴打を浴び目蓋が腫れ視界が狭まった。…〔　〕〔　〕

6 次の各文にまちがって使われている同じ音訓の漢字が一字ある。上に誤字、下に正しい漢字を記せ。

1 厳冬の山の鋳てついた空気の中を氷晶が金剛石のように輝き舞っていた。…〔　〕〔　〕

2 華僑の本国への莫大な投資は中国の経済躍進の重要部分を占める。…〔　〕〔　〕

3 背水の陣で臨んだ籠城奮戦も空しく絡め手から砲撃突破され落城した。…〔　〕〔　〕

4 美術館収蔵の名作を金に明かして買い漁った。…〔　〕〔　〕

5 辺境の蛮族を平定し凱戦将軍として都に帰還した。…〔　〕〔　〕

6 座礁した運搬船が突堤に放置された錆しい港町。…〔　〕〔　〕

7 次の各文にまちがって使われている同じ音訓の漢字が一字ある。上に誤字、下に正しい漢字を記せ。

1 基督の死からの蘇りを祝う復活祭には教会で厳粛な正餐式が行われる。……[　]→[　]

2 歌舞伎俳優の家の子は李園の御曹司として厳しく芸を仕込まれる。……[　]→[　]

3 過去を精算すると誓ったが腐れ縁は断てなかった。……[　]→[　]

4 突然のご逝去、愛惜の念に堪えません。……[　]→[　]

5 代表取締役に就任した途端に独断専攻が目立ち業績が暗転した。……[　]→[　]

6 気を広く和やかにするのに酒に布くものは無い。……[　]→[　]

8 次の各文にまちがって使われている同じ音訓の漢字が一字ある。上に誤字、下に正しい漢字を記せ。

1 倹約家の先輩から珍しく昼食を驕って貰った。……[　]→[　]

2 傷害事件を起こした男を逮捕したが、動機の根底には過去の圧轢があった。……[　]→[　]

3 再建策の確定まで現体制で臨むことに依存はない。……[　]→[　]

4 色鮮やかな顔料を用い怪異や悪を表す歌舞伎の化粧法を熊取りという。……[　]→[　]

5 海沿いの温暖な気候で斜面を利用した早生苺の路地栽培が盛んだ。……[　]→[　]

6 別荘の誘蛾灯の明りに蟬や甲虫などが飛んでくる。……[　]→[　]

9 次の各文にまちがって使われている同じ音訓の漢字が一字ある。上に誤字、下に正しい漢字を記せ。

1 米国一偏倒の歪んだ外交は見直しが必要だ。……[　]→[　]

2 武装勢力の攻撃と政府軍の掃討作戦の繰り返しに国民は膿み疲れていた。……[　]→[　]

3 この球場での優勝決定戦は先行側が必ず敗れる。……[　]→[　]

4 孤高の浪人者の腰の刀は思いも掛けぬ技物だった。……[　]→[　]

5 邸宅の庭内に生育する植樹は流木法に基づき土地とは別の不動産とされる。……[　]→[　]

6 隠陽道は物忌み、方違えなどの禁忌で平安時代の公家の生活を左右した。……[　]→[　]

10 次の各文にまちがって使われている同じ音訓の漢字が一字ある。上に誤字、下に正しい漢字を記せ。

1 隣人が丹精込めた盆栽なので社交辞礼のつもりで大層誉めておいた。……[　]→[　]

2 経営立て直しに努めたが不本意ながら会社更正法の適用を申請した。……[　]→[　]

3 発表会場は詰め掛けた報道陣と見物客で立垂の余地もなかった。……[　]→[　]

4 京の窯元で購入した洛焼の茶碗で抹茶を一服戴く。……[　]→[　]

5 亡父の遺品の古い瑞西製腕時計の留頭を徐に巻く。……[　]→[　]

6 水界の河童は人間の想像が生んだ仮空の動物だ。……[　]→[　]

解答と解説 誤字訂正

P102~106

1

	1	2	3	4	5
誤	伯	海	逗	将	凌
正	叔	界	厨	奨	猟

2

	1	2	3	4	5
誤	不	演	航	仇	陰
正	否	円	行	徒	影

3

	1	2	3	4	5	6
誤	課	遺	課	顕	渦	輪
正	過	慰	科	献	火	倫

4

	1	2	3	4	5	6
誤	閲	獲	真	補	鐘	点
正	悦	得	心	捕	鉦	天

5

	1	2	3	4	5	6
誤	加	佳	懲	隠	刈	呵
正	過	果	凝	陰	駆	仮

6

	1	2	3	4	5	6
誤	鋳	喬	絡	明	戦	錆
正	凍	僑	搦	飽	旋	寂・淋

7

	1	2	3	4	5	6
誤	正	李	精	愛	攻	布
正	聖	梨	清	哀	行	及・如

8

	1	2	3	4	5	6
誤	驕	圧	依	熊	路	峨
正	奢	軋	異	隈	露	蛾

9

	1	2	3	4	5	6
誤	偏	膿	行	技	流	隠
正	辺	倦	攻	業	立	陰

10

	1	2	3	4	5	6
誤	礼	正	垂	洛	留	仮
正	令	生	錐	楽	竜	架

ランクアップ

1
1 伯父は父母の兄。弟は叔父。
2 臨界は原子炉の中で核分裂連鎖反応が一定割合で継続されている状態。
3 厨子は両開きの扉のある仏像や経典を安置する箱。

2
1 運否は運不運。運否天賦（うんぷてんぷ）は運を天に任せること。
2 円舞曲はワルツ。
3 潜航は水中を航海すること。潜行は取り締まりの目を逃れて動くこと。
4 仇はかたき。徒はむだ、実の無いこと。

3
2 遺留は置き忘れること。遺留品。

4
1 悦に入るは一人で嬉しがること。
5 鉦は小型のたたきがね。

5
2 果報は幸運、しあわせ。
3 懲らすは、こらしめること。凝らすは一点に集中すること。
6 呵責は叱り責めること。仮借は許すこと。仮借なくは容赦なく。

6
2 華僑は外国に住む中国人。

7
1 正餐はディナー。聖餐は礼典。
6 布くは行き渡らせること。及く・如くは匹敵する、かなうこと。

8
1 驕るは権勢にまかせ、いい気になって勝手なことをすること。
2 軋轢は車輪がきしんだり、こすれ合ったりすること。また、仲が悪くなること。不和。

9
2 倦むはいやになる、飽きて疲れること。

10
5 竜頭は懐中時計などのぜんまいを巻いたり針を動かしたりするつまみ。

語選択

1級の漢字

▼書きながら、送りがなもチェックしよう！
▼止めやはらいにも注意しよう！

学習日

解答 P113

1 次の1～4の意味を的確に表す語を、左の　から選び、漢字で記せ。

1 貧困な者や罹災者などに金品を与えて助けること。……［　　］

2 サトウダイコンの別名。根の汁から砂糖をつくる。……［　　］

3 凡人には達せられない学問技芸などの最も奥深いところ。……［　　］

4 冬の夜空に打ち鳴らす拍子木の音。……［　　］

ひっきょう　うんのう　てんさい　はいれい
よぜん　きゅうじゅつ　かんたく　しんしゃく

2 次の1～4の意味を的確に表す語を、左の　から選び、漢字で記せ。

1 毛織物の引き幕、またそれを張り巡らせた所。……［　　］

2 天子のそばにいる悪臣のたとえ。……［　　］

3 湯水で髪を洗い身をきよめること。……［　　］

4 漢方医学で腰腹部、特に下腹部の内臓がいたむ病。……［　　］

かんちつ　しょくこ　いし　せんあく
ぎょうこう　せんき　かんもく

3 次の1～6の意味を的確に表す語を、左の□から選び、漢字で記せ。

1 茶の湯で釜の塵を払ったり茶碗を受けたりする方形の絹布。…［　　］

2 生の魚肉や野菜を薄く切って酢に浸したもの。…［　　］

3 駿馬のおっぽ、または駿馬の後方。優れた人の後ろ。…［　　］

4 言うことをいみはばかる、遠慮する。…［　　］

5 地質時代の樹脂が地中で化石となったもの。…［　　］

6 事実でないことを事実かのように作り上げること。…［　　］

こはく　ちょうちゃく　ふくさ　きび
わいせつ　ねつぞう　なます　いらか
きたん　どくせんじょう

4 次の1～6の意味を的確に表す語を、左の□から選び、漢字で記せ。

1 物を壊したり信用などを傷つけたりすること。…［　　］

2 毛穴部分の炎症による発疹が顔にできるもの。…［　　］

3 ねたむこと、特に男女関係にかかわる嫉妬。…［　　］

4 鼻粘膜の刺激によって急に強い呼気を発すること。…［　　］

5 死者生前の功績などを述べるとともに哀悼の意を表す言葉。…［　　］

6 てんが下す罰、またはてんに代わって罰を下すこと。…［　　］

くしゃみ　しゅんせつ　てんちゅう　らでん
きそん　ようちょう　しのびごと　りんき
ばり　にきび

5 次の1～6の意味を的確に表す語を、左のから選び、漢字で記せ。

1 年が若くて死ぬことの漢語的表現。……〔　〕
2 指図しそそのかすこと、けしかけること。……〔　〕
3 梵語の音訳で、身を焼くこと、火葬。……〔　〕
4 寝殿造りで日光をよけ雨風を防ぐための格子組みに板を張った戸。……〔　〕
5 玩具・時計などの動力に使う渦巻状の、弾力のある鋼鉄。……〔　〕
6 物事が食い違う、計画が狂う。……〔　〕

こうもん　ぜんまい　けってき　ようせつ
しとみ　ざんい　そご　しそう
だび　しい

6 次の1～6の意味を的確に表す語を、左のから選び、漢字で記せ。

1 雨風にさらされて肉がなくなってしまった頭蓋骨。……〔　〕
2 ちからを合わせ、一致きょうりょくすること。……〔　〕
3 田の間の道、あぜ道、またはまっすぐな長い道。……〔　〕
4 病、わずらい、事故、障害などの災難。……〔　〕
5 男女が一夜を共に過ごした翌朝のわかれ。……〔　〕
6 美しい玉、また美しい詩文のたとえ。……〔　〕

まろや　きぬぎぬ　いらく　どくろ
かんじょう　りんろう　りくりょく　なわて
きょうわ　つつが

7 次の1～6の意味を的確に表す語を、左の□から選び、漢字で記せ。

1 和服の下に着るひとえの短い肌着。……［　　］

2 かんばしい、よいにおいのする草。……［　　］

3 米やくず粉の餅を笹の葉などで三角形に巻いて蒸したもの。……［　　］

4 上代、若い女性を親しんで呼んだ語。……［　　］

5 武士が仕えている大名から受けた給料。……［　　］

6 海鼠の腸を取り去り、ゆでて干した中華料理の高級材料。……［　　］

ふもう　いらつめ　ついしょう　じゅばん
あゆ　いりこ　ちまき　ほうろく
ひつ　ほうき

8 次の1～6の意味を的確に表す語を、左の□から選び、漢字で記せ。

1 よめを迎えることとよめに行くこと。結婚。……［　　］

2 人の心を引き付けまどわすこと。……［　　］

3 天地のはじまり、世界のはじまり。……［　　］

4 牛馬の尻に掛けて鞍や車の柄を固定させる紐。……［　　］

5 死体を原野や山の空気中にさらしておくとむらい方。……［　　］

6 ハトムギの種。スープ、菓子にしたり生薬に用いたりする。……［　　］

でずいり　せんけん　よくいにん　こわく
しりがい　かしゅ　ばくそう　けんゆう
かいびゃく　ねりむち

9 次の1～6の意味を的確に表す語を、左の［　］から選び、漢字で記せ。

1 僧が一定期間外出しないで修行すること。……［　　］

2 金を出して刑罰をまぬがれること。……［　　］

3 顔や姿があでやかで美しいこと。……［　　］

4 貴人の葬儀に棺をのせて運ぶくるま。……［　　］

5 蛇などの長いものが体を渦巻状に巻くこと。……［　　］

6 いそがしくて落ち着かないこと。せわしいこと。……［　　］

きせん　しょくざい　ならえ　とぐろ
あんご　じしゃ　ひんちゃ　そうぼう
たまのと　せんけん

10 次の1～6の意味を的確に表す語を、左の［　］から選び、漢字で記せ。

1 物事の終わり、結末。鳥の名と同じ字を当てる。……［　　］

2 世の中が未開で人知も発達していないこと。……［　　］

3 獣の毛皮でつくった防寒用の衣服。……［　　］

4 馬車や牛車の前に平行に突き出た二本の長い棒。……［　　］

5 何もしないで生き長らえていること。……［　　］

6 おがくずが出るように言葉がすらすらと出ることのたとえ。……［　　］

もとづな　せんぜん　そうまい　れんえん
ささがに　きょせつ　ながえ　けり
かわごろも　へんるい

解答と解説

語選択

P108～112

1
1 救恤
2 甜菜
3 蘊奥
4 寒柝

2
1 氈幄
2 稷狐
3 盥沐
4 疝気

3
1 袱紗
2 膾・鱠
3 驥尾
4 忌憚
5 琥珀
6 捏造

4
1 毀損
2 面皰
3 慍気
4 嚔
5 誅
6 天誅

5
1 夭折
2 指嗾・使嗾
3 荼毘・荼毗
4 蔀
5 発条・撥条
6 齟齬

6
1 髑髏
2 戮力
3 畷・縄手
4 恙
5 後朝・衣衣
6 琳瑯

7
1 襦袢
2 芳卉
3 粽
4 郎女
5 俸禄
6 海参・煎海鼠

8
1 嫁娶
2 蠱惑
3 開闢
4 鞦・尻繋・紂
5 曝葬
6 薏苡仁

9
1 安居
2 贖罪
3 嬋娟・嬋妍
4 輀車・轜車
5 蜷局・塒
6 怱忙・匆忙

10
1 鳧
2 草昧
3 裘
4 轅
5 甎全
6 鋸屑

ランクアップ

1
1 恤は恵む意。
3 蘊は草が深くて熱気がこもる意。ひいて蓄積する意。

2
1 氈幄は北方民族の住居。また匈奴がそれを用いることから匈奴のこと。
2 稷は穀物のきび、また五穀の神。稷狐で五穀の神を祭った社に住む狐の意。
3 盥はたらいの意。

3
1 袱紗は進物の上に掛けたり、物を包んだりするのにも用いられる。その場合、掛け袱紗、包み袱紗という。
3 驥尾に付す、で蠅が駿馬の尾について千里の遠方に行ったという故事から、後進者が先達に付き従って事をなし遂げること。
6 捏はこねる。土をこねて物をつくり上げる意。

4
2 にきびは医学用語で尋常性痤瘡。
4 くさめともいう。くしゃみが出たときのまじない休息万病（くそくまんびょう）を早口で言ったものという。

5
5 発条はばねとも読む。
6 もとは上下の歯が食い違ってかみ合わない意。

6
4 ツツガムシ病を媒介する恙虫に由来する。
6 琳は美しい玉の名。瑯も真珠に似た美しい石。

7
1 襦袢はポルトガル語のジバンの当て字。
3 古くはチガヤの葉で巻いたことからこの名がある。

8
3 寺院などを創始することも開闢という。

9
1 こもる季節によって夏安居、雨安居、冬安居などがある。

10
5 甎は地面に敷く固焼き煉瓦。

漢字得コラム▼四字熟語

四字熟語は、とにかく数多く覚えることが大切！

曖昧模糊《あいまいもこ》―はっきりせずぼんやりとしたさま。

夷蛮戎狄《いばんじゅうてき》―東夷南蛮、西戎北狄、四方の未開の人。

慇懃無礼《いんぎんぶれい》―うわべは丁寧で、実は尊大であること。

偕老同穴《かいろうどうけつ》―夫婦のかたい契りのこと。

苛斂誅求《かれんちゅうきゅう》―厳しく租税などを取り立てること。

虚心坦懐《きょしんたんかい》―心になんのわだかまりもないこと。

荒唐無稽《こうとうむけい》―とりとめがなく考えに根拠がないこと。

桑田碧海《そうでんへきかい》―世の変遷が激しいこと。

堆金積玉《たいきんせきぎょく》―金銀宝石を高く積む意。金持ちのこと。

彫心鏤骨《ちょうしんるこつ》―詩文などを骨を折って磨き上げること。

雕文刻鏤《ちょうぶんこくる》―巧みに文章を飾ること。

定省温凊《ていせいおんせい》―子が親によく仕えること。

天網恢恢《てんもうかいかい》―悪事には必ず報いが来るということ。

抜本塞源《ばっぽんそくげん》―弊害を根本的原因から排除すること。

百花繚乱《ひゃっかりょうらん》―優れた人が一度にたくさん現れること。

不撓不屈《ふとうふくつ》―心がかたく、困難に屈しないこと。

傍若無人《ぼうじゃくぶじん》―人目を憚らず勝手に振る舞うこと。

泡沫夢幻《ほうまつむげん》―はかないもののたとえ。

門前雀羅《もんぜんじゃくら》―訪れる人もなく寂しいさま。

竜頭蛇尾《りゅうとうだび》―はじめは盛んで終わりに勢いがないこと。

暴虎馮河《ぼうこひょうが》―無鉄砲のたとえ。血気にまかせた無謀な行動。

郢書燕説《えいしょえんせつ》―もっともらしくこじつけること。

第2章

模擬試験

第1回 → 第2回 → 第3回

準1級 第1回 模擬試験

実際の出題形式とは異なる場合があります。実力チェック用としてお使いください。

得点 ／200点

1 次の傍線部分の読みをひらがなで記せ。**1〜15**は**音読み**、**16〜30**は**訓読み**である。（30点 各1点）

1 名人芸を堪能する。
2 聖徳太子は遣隋使を派遣した。
3 あの店は一見の客は入れてくれない。
4 ウイルス感染で細胞が壊死する。
5 漢字を六つに区別した六書。
6 出家が罰として還俗させられる。
7 散華して仏を供養する。
8 よい塩梅に今日は上天気だ。
9 魚市場には旬の魚が並ぶ。
10 昨年は稀有の災害続きの年だった。
11 整数には零も含まれる。
12 修道院の壁を飾る最後の晩餐の画。

2 次の傍線部分は常用漢字である。その**表外の読み**を**ひらがな**で記せ。（10点 各1点）

1 今後のことは彼に委ねることにした。
2 大地震で鉄塔が大きく傾いだ。
3 そんな面倒なことは御免蒙る。
4 あの人は年中忙しなく働いている。
5 人生をマラソンに準える。
6 事件の真相を審らかにする。
7 提出された資料を具に点検する。
8 村の万屋さん。
9 住民は挙って反対した。
10 そんなことは固より承知の上だ。

3 {寄せる敵兵（　）霞のごとし。 / 行き先に暗（　）が垂れこめる。}
4 {悉（　）私の責任である。 / （　）既日蝕を観察する。}
5 {わが子を溺（　）する。 / この仏像は（　）染明王である。}

あい　うん　えき　かい　げん
せん　とつ　ちょう　にゅう

5 次の**カタカナ**の部分を**漢字**で記せ。（40点 各2点）

1 胃薬をサユで飲む。
2 親をナイガシろにするな。
3 就職をアッセンする。
4 一度は死にヒンしたが回復した。
5 謡曲にのってジョウルリを語る。

13 一メートル四方の矩形を描く。
14 道端の灌木の中から鳥の声がした。
15 彼はラテン音楽に造詣が深い。
16 廓は色里とも悪所ともいわれた。
17 鰯の不漁が続いて値が高い。
18 鐙を踏み外して馬から転げ落ちた。
19 風もなく海は凪いでいる。
20 地面に雪が斑らに残る。
21 彼女の成功は御伽噺のようだ。
22 塀の隙間から湯浴みを覗き見る。
23 地獄の鬼に責め苛まれる。
24 船頭が菅笠かぶって舟をこぐ。
25 カモメが干物を掠めとっていった。
26 外来植物が蔓って生態系を乱す。
27 雪の日は鱈ちりで一杯飲む。
28 大幅値引きで在庫を売り捌く。
29 槍の名手として武名を轟かす。
30 温かくなり梅の花も綻ぶ。

3 次の**熟語の読み**と、その語義にふさわしい**訓読み**を（送りがなに注意して）ひらがなで記せ。

10点 各1点

ア 1 俄然……2 俄かに
イ 3 籠絡……4 籠める
ウ 5 咽喉……6 咽ぶ
エ 7 僅差……8 僅かに
オ 9 凋落……10 凋む

4 次の各組の二文の（　）には共通する漢字が入る。その読みを後の□から選び、**常用漢字（一字）**で記せ。

10点 各2点

1 （　）風を巻き起こす。
凱（　）する兵士を迎える。

2 峻（　）たる山々がそびえ立つ。
（　）罰をもって処断する。

6 師匠をシノぐ力量をもつ。
7 国王が国家の慶事をヨミする。
8 古代王族のミイラが発見された。
9 思ったほど仕事がハカドらない。
10 日照りで草花がナえる。
11 社会のヒズみを問題視する。
12 そうおっしゃるのはごモットもです。
13 あまりの痛みにモダえ苦しむ。
14 若い人材をバッテキする。
15 山中にすむトラを捕える。
16 山のリョウセンに夕日がかかる。
17 人をヒきつける魅力がある。
18 祖母は縁側で粉をヒいている。
19 長身ソウクの好男子である。
20 狡兎死してソウク烹らる。

6 次の各文にまちがって使われている**同じ音訓の漢字**が一字ある。**誤字と正しい漢字**を記せ。

10点 各2点

1 旧友から借りた金を返さず股貸しして産を成した奴がいる。

2 安易な離婚が増えているが、復水盆に返らずという諺を噛み締めたい。

3 投手の調子がよく、抜群の球偉で打者を完全に抑えた。

4 会長直直に声をかけられ社運を賭けた命掛けの大仕事を依頼された。

5 異常気象は人的被害も甚大だが野生動植物の生体系にも影響が大きい。

7 次の四字熟語について**問1**と**問2**に答えよ。

30点 各2点

問1

次の四字熟語の（**1**～**10**）に入る適切な語を後の□から選び**漢字二字**で記せ。

ア（**1**）夢幻　**カ**（**6**）堅固

イ（**2**）繍口　**キ**（**7**）行歩

ウ（**3**）撞着　**ク**（**8**）蛇尾

エ（**4**）積玉　**ケ**（**9**）一閃

オ（**5**）坦懐　**コ**（**10**）碧海

きょしん　きんしん　けんろう ざが　じか　しでん そうでん　たいきん　ほうまつ りゅうとう

問2

次の**1**～**5**の**解説・意味**にあてはまる四字熟語を後の□から選び、**その傍線部分だけの読みをひらがな**で記せ。

1 けわしく切り立ったがけ。

2 表面だけの交際で誠意のないこと。

3 現世の迷いを断ち切ること。

4 貧しい中で学問に熱心に励むこと。

5 めでたいことの前兆。

断崖絶壁　鱗次櫛比　麟鳳亀竜 遠塵離垢　貌合心離　魚網鴻離 穿壁引光　阿附迎合

8 次の**1**～**5**の**対義語**、**6**～**10**の**類義語**を後の□の中から選び、**漢字**で記せ。□の中の語は一度だけ使うこと。

20点 各2点

対義語

1 横柄

2 肥大

3 簡潔

4 支持

5 堕落

類義語

6 異端

7 顛末

8 偽作

9 栄華

10 先駆

いしゅく　えいよう　がんさく けいい　けんきょ　こうせい じゃどう　じょうまん　せんべん はんばく

9 次の故事成語・諺の**カタカナ**の部分を**漢字**で記せ。

20点 各2点

1 カセイは虎よりも猛し。

2 亀のコウより年の功。

3 カナエの軽重を問う。

4 燕雀いずくんぞコウコクの志を知らんや。

5 瓢箪からコマが出る。

6 キュウソ猫を噛む。

7 ケイセツの功。

8 行きがけのダチン。

9 ノレンに腕押し。

10 マかぬ種は生えぬ。

10 次の文章中の波線①～⑤の**カタカナ**を**漢字**に直し、傍線部**ア～コ**の**漢字の読み**を**ひらがな**で記せ。

/20点
①～⑤ 各2点
ア～コ 各1点

戦は潮の河に上る如く次第に近付いて来る。鉄を打つ音、鋼を鍛える響、槌の音、やすりの響は絶えず中庭の一隅に聞える。ウィリアムも人に劣らじと出陣の用意はするが、時にはサツバツな物音に耳を塞いで、高き角櫓に上って遥かに夜鴉《よがらす》の城の方を眺める事がある。霧深い国の事だから眼にサエギる程の物はなくても、天気の好い日には二十哩先は見えぬ。一面に茶渋を流した様な曠野が逼らぬ波を描いて続く間に、白金の筋が鮮やかに割り込んでいるのは、日毎の様に浅瀬を馬で渡した河であろう。（中略）城らしきものは霞の奥に閉じられて眸底《ぼうてい》には写らぬが、流るる銀《しろがね》の、烟《けむり》と化しはせぬかと疑わるるまで末広に薄れて、空と雲との境に入る程は、翳《かげ》したる小手の下より遥かに双の眼に聚《あつ》まってくる。あの空とあの雲の間が海で、浪のカむ切立ち岩の上に巨巌を刻んで地から生えた様なのが夜鴉の城であるとウィリアムは見えぬ所を想像で描き出す。モしその薄黒く潮風に吹き曝された角窓の裏に一人物を画き足したなら死竜はタチマち活きて天に騰るのである。

——夏目漱石『幻影の盾』

準1級 第1回 模擬試験 解答と解説

1 読み 各1点(30点)

1	たんのう
2	しょうとく
3	いちげん
4	えし
5	りくしょ
6	げんぞく
7	さんげ
8	あんばい
9	しゅん
10	けう
11	ぜろ・れい
12	ばんさん
13	くけい
14	かんぼく
15	ぞうけい

2 表外の読み 各1点(10点)

1	ゆだ
2	かし
3	こうむ
4	せわ
5	なぞら
6	つまび
7	つぶさ
8	よろず
9	こぞ
10	もと

3 熟語の読み・一字訓読み 各1点(10点)

ア	1	がぜん
	2	にわ

5 書き取り 各2点(40点)

1	白湯
2	蔑
3	斡旋
4	瀕
5	浄瑠璃
6	凌・陵
7	嘉
8	木乃伊
9	捗
10	萎
11	歪
12	尤
13	悶
14	抜擢
15	虎

7 四字熟語 各2点(30点)

問1 書き取り

1	泡沫
2	錦心
3	自家
4	堆金
5	虚心
6	堅牢
7	坐臥・座臥
8	竜頭
9	紫電
10	桑田

問2 意味と読み

1	だんがい
2	ぼうごう
3	りく

9 故事・諺 各2点(20点)

1	苛政
2	甲
3	鼎
4	鴻鵠
5	駒
6	窮鼠
7	蛍雪
8	駄賃
9	暖簾
10	播・蒔

10 文章題 ①～⑤各2点 ア～コ各1点(20点)

①	殺伐
②	遮

ランクアップ

1 5 六書＝漢字の成り立ちと使い方を六通りにまとめた理論。象形、指事、会意、形声、転注、仮借からなる。

7 散華＝法会の際、行列で読経しながら紙製の蓮の花をまいて歩くこと。

3 3 籠絡＝人をうまくだまして思い通りに操ること。

7 5 虚心坦懐＝先入観を持たず、素直な心で物事に接すること。

16	17	18	19	20	21	22	23	24	25	26	27	28	29	30
くるわ	いわし	あぶみ	な	まだ	おとぎばなし	ゆあ	さいな	すげがさ	かす	はびこ	たら	さば	とどろ	ほころ

イ		ウ		エ		オ	
3	4	5	6	7	8	9	10
ろうらく	こ	いんこう	むせ	きんさ	わず	ちょうらく	しぼ

4 共通の漢字
各2点（10点）

1	2	3	4	5
旋	厳	雲	皆	愛

16	17	18	19	20
稜線	惹・引	挽	痩軀	走狗

6 誤字訂正
各2点（10点）

	1	2	3	4	5
誤	股	復	偉	掛	体
正	又	覆	威	懸	態

4	5
せんぺき	りんぽう

8 対義語・類義語
各2点（20点）

1	2	3	4	5	6	7	8	9	10
謙虚	萎縮	冗漫	反駁・反駮	更生	邪道	経緯	贋作	栄耀・栄曜・栄燿	先鞭

③	④	⑤	ア	イ	ウ	エ	オ	カ	キ	ク	ケ	コ
嚙・齧	若	忽	ごと	つち	ふさ	すみやぐら	まいる	せま	かすみ	きょがん	さら	のぼ

10 桑田碧海＝陸地の桑畑が一夜に沈下し青々とした海になる大変化のこと。世の中の移り変わりの激しいたとえ。

9

1 苛政は虎よりも猛し＝税を苛酷に取り立てる悪政は、どう猛な虎よりも人民を苦しめる、ということ。

3 鼎の軽重を問う＝人の価値や能力を疑うこと。鼎は古代中国の食物を煮るのに用いた三本脚の青銅器。

4 燕雀いずくんぞ鴻鵠の志を知らんや＝燕や雀のような小さな鳥におおとりや白鳥の気持ちはわからない、という意味から、小物に大人物の遠大な志はわからないというたとえ。

準1級 第2回 模擬試験

実際の出題形式とは異なる場合があります。実力チェック用としてお使いください。

得点 ／200点

1 次の傍線部分の読みをひらがなで記せ。**1**〜**15**は音読み、**16**〜**30**は訓読みである。

／30点 各1点

1 敵軍団を木っ端微塵に粉砕する。
2 行灯の油をつぎ足す。
3 刑死した盗賊の菩提を弔う。
4 春の庭に沈丁花の香が濃く漂う。
5 彼は何事にも意見を言う一言居士だ。
6 王の逆鱗に触れ国外に追放された。
7 式亭三馬は江戸時代の戯作者だ。
8 ブームが時代を席捲する。
9 我が校が優勝とは前代未聞の椿事だ。
10 色白で品良いお公家さんのようだ。
11 敵陣の背後に潜入して攪乱する。
12 島の海岸が近づいた所で投錨する。

2 次の傍線部分は常用漢字である。その表外の読みをひらがなで記せ。

／10点 各1点

1 新聞のコラムに健筆を揮う。
2 骨董屋に擬い物をつかまされた。
3 新しい才能の芽を育む。
4 修行を始めてから十年に垂とする。
5 容疑者は頑なに黙秘を続けている。
6 京に都が遷された。
7 優勝して去年の屈辱を雪ぐ。
8 衝突されて車のドアが凹んだ。
9 紅梅模様の衣服一襲ねをたまわる。
10 こちらの言うことをいちいち論う。

3
(　)塞に立てこもって戦う。
年金受給の(　)件を満たす。

4
王朝がしだいに凋(　)する。
ようやく原稿を(　)手した。

5
乃(　)出でずんばと気負う。
(　)明正大な態度を心がける。

こう　さ　し　しょう
せい　とう　よう　らく

5 次のカタカナの部分を漢字で記せ。

／40点 各2点

1 ナカンズク出展作品は際立っている。
2 サイリな感覚の美術批評。
3 ピラミッド遺跡を見物する。
4 今をサカノボること七十年の昔。
5 言葉にイササか刺がある。

13 衛府は平安時代の警備担当の役所。
14 海釣りは潮汐が釣果に影響する。
15 罫紙がないので定規で線を引いた。
16 出初式に各組の纏が勢ぞろいした。
17 室町時代に中国から渡来した硯。
18 孫を見る祖母の顔は蕩けるようだ。
19 あの店は料金が篦棒に高い。
20 崖崩れが川を堰き止めた。
21 仕事に託けて外出する。
22 悪戯をした孫を庇う祖母。
23 凡試合ばかりで厭き厭きした。
24 緋縅の鎧を着た若武者。
25 敵の虚を衝いて本陣に攻め込んだ。
26 一封度の重りを吊るせる糸。
27 風が吹き池の面に漣が広がった。
28 金を返せとさんざんに罵られた。
29 改革が不徹底の誹りは免れない。
30 脱走した兵士を匿う。

3

次の**熟語の読み**と、その**語義**にふさわしい**訓読み**を（送りがなに注意して）ひらがなで記せ。

／10点 各1点

ア 閑雅……1　　2 雅やか
イ 輩出……3　　4 輩
ウ 邪淫……5　　6 邪
エ 規矩……7　　8 規
オ 華族……9　　10 族

4

次の各組の二文の（　）には共通する漢字が入る。その読みを後の□から選び、**常用漢字（一字）**で記せ。

／10点 各2点

1 子供が旺（　）な食欲を見せる。
（　）況のうちに幕を閉じる。

2 僅（　）で勝利をのがす。
為替（　）損で資産を減らす。

6 大家が親ならタナコは子供。
7 落ち葉の焚火でサツマ芋を焼く。
8 裏庭にはシダが密生していた。
9 様々な言説がケンデンされる。
10 子供がハシカにかかった。
11 タイマツが明明と燃える。
12 謹んでおワび申し上げます。
13 赤サびた廃船が浜に座礁している。
14 チョウズ鉢を窓辺に置く。
15 一仕事やって姿をクラます。
16 国王に信任状をホウテイする。
17 鎌で夏草をナぎ倒す。
18 風がナいで波がおさまる。
19 銃に弾丸をソウテンする。
20 広々としたソウテンを駆ける。

6 次の各文にまちがって使われている**同じ音訓の漢字**が一字ある。**誤字と正しい漢字**を記せ。

10点 各2点

1 打ち続く列強間の領土争奪の戦争に欧州の人々は膿み疲れていた。

2 戦前はかまどで薪を燃やして飯を焚く風景は珍しくなかった。

3 医療が金儲け主義に走ると、癖地の医者のなり手がなくなる。

4 伸張する企業は例外なく優秀な社員の獲得に腐心している。

5 彼女が病者を診る時の慈愛を称えた柔和な目を忘れることが出来ない。

7 次の四字熟語について**問1**と**問2**に答えよ。

30点 各2点

問1

次の四字熟語の（**1**～**10**）に入る適切な語を後の□から選び**漢字二字**で記せ。

ア（**1**）雀羅
イ（**2**）無人
ウ（**3**）捷径
エ（**4**）一斑
オ（**5**）冷諦

カ（**6**）恢恢
キ（**7**）潔飢
ク（**8**）塞源
ケ（**9**）無垢
コ（**10**）無稽

こうとう　じゅんしん　てんもう　ばっぽん
しゅうなん　ぜんぴょう　ねつがん　めいせん
ぼうじゃく　もんぜん

問2

次の**1**～**5**の**解説・意味**にあてはまる四字熟語を後の□から選び、**その傍線部分だけの読みをひらがな**で記せ。

1 意気込みが盛んで奮い立つさま。

2 見識や視野が狭いことのたとえ。

3 君主の手足となるような部下。

4 口先で人を批評すること。

5 現世と来世をめぐり回ること。

舌端月旦　頓首再拝　用管窺天
虎穴虎子　股肱之臣　南都北嶺
意気軒昂　輪廻転生

8 次の**1**～**5**の**対義語**、**6**～**10**の**類義語**を後の□の中から選び、**漢字**で記せ。□の中の語は一度だけ使うこと。

20点 各2点

対義語

1 形式
2 凝視
3 楽天
4 検挙
5 胎生

類義語

6 逮捕
7 回顧
8 絶世
9 一掃
10 天分

ふっしょく　いちべつ　えんせい　かいきゅう
ないよう　がいせい　らんせい
しゃくほう　てんぴん　こうりゅう

9 次の故事成語・諺の**カタカナ**の部分を**漢字**で記せ。

20点 各2点

1 タナゴコロを返す。
2 ブンボウ牛羊を走らす。
3 眉にツバをつける。
4 人間万事サイオウが馬。
5 中原に鹿をオう。
6 ホラヶ峠を決め込む。
7 人のウワサも七十五日。
8 ハシにも棒にもかからぬ。
9 ソウコウの妻は堂より下さず。
10 毛を謹んでカタチを失う。

10 次の文章中の波線①～⑤の**カタカナを漢字**に直し、傍線部**ア～コの漢字の読みをひらがな**で記せ。

20点
①～⑤ 各2点
ア～コ 各1点

良秀と申しましたら、或いは唯今でも猶、あの男の事を覚えていらっしゃる方がございましょう。そのコロ絵筆をとりましては、良秀の右に出るものは一人もあるまいと申された位コウミョウな絵師でございます。あの時の事がございました時には、かれこれもう五十の阪に、手がとどいておりましたろうか。見たところは唯、脊の低い、骨と皮ばかりにヤせた、意地の悪そうな老人でございました。それが大殿様の御邸へ参ります時には、よく丁字染の狩衣に揉エボシをかけておりましたが、人がらは至って卑しい方で、何故か年寄りらしくもなく、脣の目立って赤いのがその上に又気味の悪い、如何にも獣めいた心もちを起こさせたものでございます。中にはあれは画筆を舐《な》めるので紅がつくのだと申した人もおりましたが、どう云うものでございましょうか。モットもそれより口の悪い誰彼は、良秀の立居振舞が猿のようだとか申しまして、猿秀という渾名《あだな》までつけた事がございました。

――芥川龍之介『地獄変』

準1級 第2回 模擬試験 解答と解説

1 読み 各1点（30点）

1	みじん
2	あんどん
3	ぼだい
4	じんちょうげ（ちんちょうげ）
5	こじ
6	げきりん
7	げさく（ぎさく）
8	せっけん
9	ちんじ
10	くげ
11	かくらん
12	とうびょう
13	えふ
14	ちょうせき
15	けいし

2 表外の読み 各1点（10点）

1	ふる
2	まが
3	はぐく
4	なんなん
5	かたく
6	うつ
7	そそ（すす）
8	へこ
9	かさ
10	あげつら

3 熟語の読み・一字訓読み 各1点（10点）

ア	
1	かんが
2	みやび

5 書き取り 各2点（40点）

1	就中
2	犀利
3	金字塔
4	遡・溯
5	些・聊
6	店子
7	薩摩
8	羊歯・歯朶
9	喧伝
10	麻疹
11	松明
12	詫・侘
13	錆・銹
14	手水
15	晦・暗

7 四字熟語 各2点（30点）

問1 書き取り

1	門前
2	傍若
3	終南
4	全豹
5	熱願
6	天網
7	鳴蟬
8	抜本
9	純真
10	荒唐

問2 意味と読み

1	けんこう
2	きてん
3	ここう

9 故事・諺 各2点（20点）

1	掌
2	蚊虻・蚊蝱
3	唾
4	塞翁
5	逐
6	洞
7	噂
8	箸
9	糟糠
10	貌

10 文章題 ①〜⑤各2点 ア〜コ各1点（20点）

①	頃
②	高名

ランクアップ

1

6 逆鱗＝竜の喉の下にある逆さの鱗で、これに触れた人を必ず殺すという故事から、目上の人の怒りのこと。

24 緋威＝鮮やかな緋色に染めた威のこと。威は糸や細い革ひもでつづった鎧の札《さね》（横に数段重ねて使う鉄、練革の小板）。国字の「縅」に威を当てた。

6

4 穫は穀物をとりいれる。「収穫」など。獲は手に入れる。つかまえる。

16	17	18	19	20	21	22	23	24	25	26	27	28	29	30
まとい	すずり	とろ	べらぼう	せ	かこつ	かば	あ	おどし	つ	ぽんど	さざなみ	ののし	そし	かくま

イ		ウ		エ		オ	
3	4	5	6	7	8	9	10
はいしゅつ	ともがら(やから)	じゃいん	よこしま	きく	のり	かぞく	やから

4 共通の漢字
各2点(10点)

1	2	3	4	5
盛	差	要	落	公

16	17	18	19	20
捧呈	薙	凪	装塡	蒼天

6 誤字訂正
各2点(10点)

	1	2	3	4	5
誤	朧	焚	癖	穫	称
正	倦	炊	僻	獲	湛

4	5
げったん	りんね

8 対義語・類義語
各2点(20点)

1	2	3	4	5	6	7	8	9	10
内容	一瞥	厭世	釈放	卵生	拘留	懐旧	蓋世	払拭	天稟

③	④	⑤	ア	イ	ウ	エ	オ	カ	キ	ク	ケ	コ
痩	烏帽子	尤	なお	ただ	せ	おやしき	かりぎぬ	くちびる	いか	けもの	えふで・がひつ	だれかれ

7

3 終南捷径＝正規の段階を踏まずに官職に就く方法。

4 全豹一斑＝物事の一部を見て全体を判断すること。

9

2 蚊虻は牛羊を走らす＝蚊や虻のような小さな虫でも大きな牛や羊が刺されるのをいやがり逃げるように、小さな取るに足らないものでも侮れないということ。

4 人間万事塞翁が馬＝人生、いつ幸せが不幸、災いが幸福に転じるかわからない。幸せも喜ぶにあたらず、災いも嘆くにあたらないということ。

準1級 第3回 模擬試験

実際の出題形式とは異なる場合があります。実力チェック用としてお使いください。

得点 ／200点

1 次の傍線部分の読みをひらがなで記せ。**1〜15**は音読み、**16〜30**は訓読みである。

／30点 各1点

1 男子厨房に入らずは今や死語だ。
2 一途な気持ちで愛を打ち明ける。
3 絶望のあまり入水自殺を図る。
4 粗末な法衣をまとった修行食僧。
5 枕頭の書として愛する一冊だ。
6 物の怪に取り付かれた。
7 虞美人草はヒナゲシの別称だ。
8 幕府の隠密が城下に潜入した。
9 城内で刃傷ざたにおよぶ。
10 人なつこく愛敬を振りまく子。
11 打上げ失敗で探査計画は頓挫した。
12 腰の凝りを解すため按摩を頼んだ。

2 次の傍線部分は常用漢字である。その**表外の読み**を**ひらがな**で記せ。

／10点 各1点

1 戯け者の振りをして油断を誘う。
2 今度の新作劇は概ね評判がよい。
3 社長に楯突いたら仕事を乾された。
4 尤もな意見を肯わない訳にいかない。
5 いま方に新時代のスターが誕生した。
6 父王の死以後は縦に振る舞い始めた。
7 好きだから態と冷たい態度をとる。
8 御所の階を上って天子の御前に出る。
9 鈍色の衣を着て喪に服する。
10 氷河の侵食で出来た湖の畔に立つ。

3 田舎の茅（　　）に身を寄せる。
（　　）上からかなたを見渡す。

4 團十郎の名（　　）を襲う。
犯行の痕（　　）をさがす。

5 疑惑の（　　）拭に努める。
遂に貯金が（　　）底してしまう。

おく　こん　しん　せき
ちょう　ふっ　よう　らく

5 次の**カタカナ**の部分を**漢字**で記せ。

／40点 各2点

1 持ち歌のオハコを披露する。
2 株でモウけるのは難しい。
3 比叡山の麓にイオリを結ぶ。
4 書類にナツインする。
5 今日はアイニク先約があります。

13 監督畢生の歴史大河ドラマ。
14 「オークス」は優駿牝馬競走の通称。
15 昆虫やタコなどは無脊椎動物だ。
16 煽てに乗って馬鹿なことをした。
17 一立入りのジョッキでビールを飲む。
18 干潟で鴫の群が貝をあさっている。
19 暑いことを甑に座するが如しという。
20 浮世の柵でどうしても縁が切れない。
21 機嫌が悪く宥めるのに苦労した。
22 葦で造った筏で海を渡る。
23 憧れの人に会うと思うと気が昂る。
24 衣を打つ砧の音がかすかに聞こえる。
25 実戦の経験者を用心棒に傭う。
26 親に反対され計画はあえなく潰えた。
27 意見の相違から彼と訣れた。
28 暗い辻に刀を持った男が立っていた。
29 よく醸された古酒の芳醇な香が漂う。
30 苦痛に思わずうめき声を洩らす。

3 次の**熟語の読み**と、その語義にふさわしい**訓読み**を（送りがなに注意して）ひらがなで記せ。

10点 各1点

ア 1 夙夜……2 夙に
イ 3 往古……4 往く
ウ 5 徐行……6 徐に
エ 7 撚糸……8 撚る
オ 9 明瞭……10 瞭らか

4 次の各組の二文の（　）には共通する漢字が入る。その読みを後の□から選び、**常用漢字**（**一字**）で記せ。

10点 各2点

1
洛（　）の紙価を高める。
みんなで重（　）の節句を祝う。

2
人々との（　）睦を深める。
（　）身になって話を聞く。

6 強敵を前にオじけづくな。
7 古寺の天井は黒くススけている。
8 規則がケイガイ化している。
9 背中にイレズミをした男。
10 山道をタドると展望台に出た。
11 今では訪ねる人もホトンどない。
12 畑のカカシを写生する。
13 予算の削減で選択範囲がセバまる。
14 冬の海で摘んだ新海苔をスく。
15 参列者にオミキをふるまう。
16 世の中のチリにまみれる。
17 キリ一葉落ちて秋来たるを知る。
18 板にキリで穴をあける。
19 ホウトウの限りを尽くす。
20 ホウトウ相集って議論する。

6 次の各文にまちがって使われている**同じ音訓の漢字**が一字ある。**誤字と正しい漢字**を記せ。

10点 各2点

1 恩師の家をご機嫌窺いに訪ねたら、大変元気で逆に励まされた。

2 車で避難場所に飛んだが道が渋滞して気ばかり堰いて一向に進まない。

3 鳥が生後最初に接触したものを親と認識する現象を擦り込みという。

4 夜の突堤で明かりに誘われて集まってきた小イカを網で救い取る。

5 本堂や宮殿などの屋根は檜の樹皮を細かく割いて拭いてある。

7 次の四字熟語について**問1**と**問2**に答えよ。

30点 各2点

問1 次の四字熟語の（**1**〜**10**）に入る適切な語を後の□から選び**漢字二字**で記せ。

ア（**1**）瓢飲　**カ**（**6**）青青

イ（**2**）鳳姿　**キ**（**7**）李四

ウ（**3**）豹変　**ク**（**8**）手段

エ（**4**）落雁　**ケ**（**9**）一触

オ（**5**）嘗胆　**コ**（**10**）奄奄

いくいく　がいしゅう　がしん
きそく　くんし　じょうとう
たんし　ちょうさん　ちんぎょ
りゅうしょう

問2 次の**1**〜**5**の**解説・意味**にあてはまる四字熟語を後の□から選び、**その傍線部分だけの読み**を**ひらがな**で記せ。

1 捕らえられた者が自由を望むこと。

2 むだな人員を整理すること。

3 小さな者が大きな者を制すること。

4 つまらない者が騒ぎ立てること。

5 勢いがおとろえてもの寂しい様子。

終南捷径　蚊虻走牛　秋風索莫
冗員淘汰　籠鳥恋雲　桃李満門
蓮華往生　邑犬群吠

8 次の**1**〜**5**の**対義語**、**6**〜**10**の**類義語**を後の□の中から選び、**漢字**で記せ。□の中の語は一度だけ使うこと。

20点 各2点

対義語

1 懲罰
2 転借
3 非常
4 通覧
5 執拗

類義語

6 不平
7 切迫
8 永遠
9 軽率
10 滞在

えいごう　ぐち　じゅくらん
しょうび　じんじょう
そこつ　たんぱく　てんたい
とうりゅう　ほうしょう

9 次の故事成語・諺の**カタカナ**の部分を**漢字**で記せ。

20点 各2点

1 カコウありといえども、食らわずんばその旨きを知らず。

2 カモが葱を背負ってくる。

3 貧はボダイの種、富は輪廻の絆。

4 衣食足りてエイジョクを知る。

5 ココウを脱する。

6 イチレン托生。

7 シュツランの誉れ。

8 危うきことルイランの如し。

9 デイチュウの蓮。

10 オヒレを付ける。

10 次の文章中の波線①～⑤の**カタカナ**を**漢字**に直し、傍線部**ア～コ**の**漢字の読み**を**ひらがな**で記せ。

山口より柏崎へ行くには愛宕山のスソを廻るなり。田圃に続ける松林にて、柏崎の人家見ゆる辺りより雑木の林となる。愛宕山の頂には小さき祠《ほこら》ありて、サンケイの路は林の中に在り。登口に鳥居立ち、二三十本の杉の古木あり。ソノ旁《かたわら》には又一つのがらんとしたる堂あり。堂の前には山神の字を刻みたる石塔を立つ。昔より山の神出づと言伝ふる所なり。和野のナニガシと云ふ若者、柏崎に用事ありて夕方堂のあたりを通りしに、愛宕山の上より降り来るタケ高き人あり。誰ならんと思ひ林の樹木越しにソノ人の顔の所を目がけて歩み寄りしに、道の角にてはたと行逢ひぬ。先方は思い掛けざりしや大いに驚きて此方を見たる顔は非常に赤く、眼は耀きて且つ如何にも驚きたる顔なり。山の神なりと知りて後をも見ずに柏崎の村に走り付きたり。

――柳田国男『遠野物語』

／20点
①～⑤ 各2点
ア～コ 各1点

準1級 第3回 模擬試験 解答と解説

1 読み 各1点(30点)

1 ちゅうぼう
2 いちず
3 じゅすい
4 ほうえ・ほうい
5 ちんとう
6 け
7 ぐびじん
8 おんみつ
9 にんじょう
10 あいきょう
11 とんざ
12 あんま
13 ひっせい
14 ひんば
15 せきつい

2 表外の読み 各1点(10点)

1 たわ
2 おおむ
3 ほ
4 うべな
5 まさ
6 ほしいまま
7 わざ
8 きざはし
9 にび
10 ほとり

3 熟語の読み・一字訓読み 各1点(30点)

ア
1 しゅくや
2 つと

5 書き取り 各2点(40点)

1 十八番
2 儲
3 庵
4 捺印
5 生憎
6 怖
7 煤
8 形骸
9 刺青・文身
10 辿
11 殆・幾
12 案山子・鹿驚
13 狭・窄
14 漉・濾
15 御神酒

7 四字熟語 各2点(30点)

問1 書き取り
1 箪食
2 竜章
3 君子
4 沈魚
5 臥薪
6 郁郁
7 張三
8 常套
9 鎧袖
10 気息

問2 意味と読み
1 ろうちょう
2 とうた
3 ぶんぼう

9 故事・諺 各2点(20点)

1 佳肴・嘉肴
2 鴨・鳧
3 菩提
4 栄辱
5 虎口
6 一蓮
7 出藍
8 累卵
9 泥中
10 尾鰭

10 文章題 ①～⑤各2点 ア～コ各1点(20点)

① 裾
② 参詣

ランクアップ

1 24 砧＝木づちで布を打つときに使う木や石の台。

2 9 鈍色＝薄墨色、濃いねずみ色。昔の喪服の色。

3 1 夙夜＝朝早くから夜遅くまで一日中。

6 1 「窺う」は密かに見る、また、機会を待つ。「伺う」は聞く、尋ねる、訪れるの謙譲語。

16	17	18	19	20	21	22	23	24	25	26	27	28	29	30
おだ	りっとる	しぎ	こしき	しがらみ	なだ	いかだ	たかぶ	きぬた	やと	つい	わか	つじ	かも	も

イ		ウ		エ		オ	
3	4	5	6	7	8	9	10
おうこ	ゆ	じょこう	おもむろ	ねんし	よ	めいりょう	あき

4 共通の漢字
各2点（10点）

1	2	3	4	5
陽	親	屋	跡	払

16	17	18	19	20
塵	桐	錐・鑽	放蕩	朋党

6 誤字訂正
各2点（10点）

	1	2	3	4	5
誤	窺	堰	擦	救	拭
正	伺	急	刷	掬	葺

4	5
ぐんばい	さくばく

8 対義語・類義語
各2点（20点）

1	2	3	4	5	6	7	8	9	10
褒賞	転貸	尋常	熟覧	淡白・淡泊・澹泊	愚痴	焦眉	永劫	粗忽	逗留

③	④	⑤	ア	イ	ウ	エ	オ	カ	キ	ク	ケ	コ
其	何某（某）	丈	あたご	まわ（めぐ）	たんぼ	みち	い	だれ（たれ）	いきあ	こなた	かがや	か

7

4 沈魚落雁＝絶世の美女の形容。美人の前では魚も水底に沈み隠れ、雁は見とれて地に落ちるの意味。―閉月羞花と続く。

7 張三李四＝どこにでもいるようなありふれた平凡な人。ありふれた姓の張氏の三男、李氏の四男の意から。

9 鎧袖一触＝鎧の袖に触れただけで相手が倒れる意から、たやすく敵を打ち負かすこと。

9

7 出藍の誉れ＝弟子が師匠を越えてすぐれていることを表す言葉。

9 泥中の蓮＝周囲の悪い環境に染まらず心を清く保ち、正しく生きることのたとえ。

1級 第1回 模擬試験

実際の出題形式とは異なる場合があります。実力チェック用としてお使いください。

得点 ／200点

1 次の傍線部分の読みをひらがなで記せ。1～20は音読み、21～30は訓読みである。

／30点 各1点

1 見目麗しい明眸皓歯の女性。
2 髑髏のラベルは毒薬の印。
3 楽団の首席奏者として招聘した。
4 無口で木訥な人柄。
5 残忍な大量殺戮が行われた村。
6 琥珀の中に閉じ込められた太古の虫。
7 後宮に仕える宦官。
8 汽車は大陸横断の鉄路を驀進した。
9 互いに突撃を繰り返す塹壕戦。
10 絹を裂くような悲鳴が耳朶を打った。
11 真の天才詩人だったが夭折した。
12 連絡不十分で交渉に齟齬を来した。

2 次のカタカナの部分を漢字で記せ。

／30点 各2点

1 玄米飯は硬いのでよくソシャクすること。
2 悪性腫瘍のテキシュツ手術を受けた。
3 アイクチを咽喉に突きつけて脅す。
4 敵の要塞の前までホフク前進で迫る。
5 太平の世でヨロイビツが埃を被る。
6 空きっ腹にイモガユを腹一杯食べる。
7 会場内は興奮のルツボと化した。
8 くまげらは北海道にすむキツツキだ。
9 細かいことをオオゲサに騒ぎ立てる。
10 夜の密林から虎のホウコウが聞こえる。
11 食物のエンゲ障害がある。

4 次の1～5の意味を的確に表す語を、左の□から選び、漢字で記せ。

／10点 各2点

1 そむき離れること。
2 事実を曲げて人を悪く言うこと。
3 気に入った者を引き立てること。
4 高く聳え立つこと。
5 中国の西方にあると想像された高山。

とうかい	きつりつ	こんろん
ひいき	どうてい	かいり
ざんげん		

5 次の四字熟語について問1と問2に答えよ。

／30点 各2点

問1 次の四字熟語の（1～10）に入る適切な語を左の□から選び漢字二字で記せ。

13 鬢の毛に白いものが混じる。
14 文化が爛熟して頽廃的になる。
15 川を挟んで両軍が対峙する。
16 赤い襦袢の裾がちらりと見えた。
17 浄水器で濾過した水を飲む。
18 刹那刹那を楽しく過ごせればよい。
19 袱紗捌きも見事なお点前。
20 モネの画は印象派の嚆矢とされる。
21 ただ一人と雖も我行かん。
22 霙の降る暗く寒い日だった。
23 結論は今後の研究に俟つ。
24 月も朧に白魚の篝も霞む春の宵。
25 土を捏ねて壺をつくる。
26 寒くなると古傷が疼く。
27 強引な解決法は後に痼を残した。
28 長江の流れに漾う小船一艘。
29 曰く言い難い魅力があの人にはある。
30 頭骨に刺さった鏃が発掘された。

12 自家バイセンの珈琲のみ使う。
13 バイセン剤を使って繊維に色をつける。
14 立法の精神にハイチする。
15 時代遅れの制度のハイチを検討する。

3 次のカタカナの部分を国字で記せ。

10点 各2点

1 大雪の日はソリで遊ぶ。
2 隣村まで八キロメートルはある。
3 仏壇にシキミの枝を供えた。
4 セガレは三十になるがまだ独り身だ。
5 コガラシが途絶えて冬の星座が光る。

ア（**1**）藹々
イ（**2**）沐雨
ウ（**3**）輔車
エ（**4**）服膺
オ（**5**）孤高

カ 含哺（**6**）
キ 豪放（**7**）
ク 右顧（**8**）
ケ 切磋（**9**）
コ 傲岸（**10**）

たくま	けんかい	けんけん
ふそん	わき	しんし
こふく	さべん	しっぷう
らいらく		

問2 次の**11**～**15**の**解説・意味**にあてはまるものを**問1**の**ア**～**コ**の**四字熟語**から一つ選び、**記号**（**ア**～**コ**）で記せ。

11 互いに助け合い、支え合う関係。
12 十分に食物をとり、生活を楽しんでいる様子。
13 和やかでむつまじい気色。
14 周囲を窺ってばかりで決断をためらうこと。
15 銘記して必ず守ること。

6 次の熟字訓・当て字の読みを記せ。

10点 各1点

1 麺麭

2 香具師

3 雪洞

4 吃驚

5 熨斗

6 蒲公英

7 掏摸

8 似非

9 十六夜

10 玉蜀黍

7 次の熟語の読みと、その語義にふさわしい訓読みを（送りがなに注意して）ひらがなで記せ。

10点 各1点

ア 1 聒耳……2 聒か

イ 3 吃舌……4 吃る

ウ 5 矮生……6 矮い

エ 7 翕如……8 翕こる

オ 9 緘口……10 緘じる

8 次の1〜5の対義語、6〜10の類義語を後の□の中から選び、漢字で記せ。□の中の語は一度だけ使うこと。

20点 各2点

対義語

1 先祖

2 私撰

3 臆病

4 織女

5 雌伏

類義語

6 童心

7 零落

8 改作

9 繁栄

10 督励

いんしん	ゆうひ	ちょくせん
まつえい	べんたつ	かいざん
けんぎゅう	ちき	ごうたん
らくはく		

9 次の故事成語・諺のカタカナの部分を漢字で記せ。

20点 各2点

1 モッコウにして冠す。

2 焼け野のキギス、夜の鶴。

3 スウロの学。

4 コチョウの夢。

5 鐘鳴テイショクの家。

6 コタクの蛇。

7 ウショウを飛ばす。

8 牝鶏アシタす。

9 ネイゲンは忠に似たり。

10 カギュウ角上の争い。

10 次の文章中の波線①～⑩のカタカナを漢字に直し、傍線部ア～コの漢字の読みをひらがなで記せ。

30点
①～⑩ 各2点
ア～コ 各1点

余は①モコたる功名の念と、検束に慣れたる勉強力とを持ちて、②タチマちこの ア欧羅巴の新大都の中央に立てり。（中略）何らの色沢ぞ、我心を迷はさむとするは。③ボダイ樹下と訳するときは、幽静なる境なるべく思はるれど、この大道髪の如きウンテル・デン・リンデンに来て両辺なる石だたみの人道を行く イ隊々の士女を見よ。胸張り肩 ウ聳えたる士官の、まだ エ維廉（注）一世の街に臨める窓に オ倚り玉ふ頃なりければ、様々の色に飾り成したる礼装をなしたる、妍き少女の カ巴里まねびの④ヨソオイしたる、彼もこれも目を驚かさぬはなきに、車道の キ土瀝青の上を音もせで走るいろいろの馬車、雲に聳ゆる楼閣の少しとぎれたる処には、晴れたる空に夕立の音を聞かせて⑤ミナギり落つる噴井の水、遠く望めばブランデンブルグ門を隔てて緑樹枝をさし交はしたる中より、半天に浮かび出でたる⑥ガイセン塔の神女の像、この ク許多の景物⑦（注）モクショウの間に ケ聚まりたれば、始めてここに来しものの応接に⑧イトマなきも⑨（注）ウベなり。されど、我胸には コ縦ひいかなる境に遊びても、あだなる美観に心をば動さじの誓ありて、つねに我を⑩オソふ外物を遮り留めたりき。

——森鷗外『舞姫』

（注）維廉＝人名　モクショウの間に聚まる＝目前に迫る
ウベ＝もっともなこと

1級 第1回 模擬試験 解答と解説

1 読み
各1点(30点)

1	めいぼう
2	どくろ
3	しょうへい
4	ぼくとつ
5	さつりく
6	こはく
7	かんがん
8	ばくしん
9	ざんごう
10	じだ
11	ようせつ
12	そご
13	びん
14	たいはい
15	たいじ

2 書き取り
各2点(30点)

1	咀嚼
2	剔出・摘出
3	匕首
4	匍匐
5	鎧櫃
6	芋粥
7	坩堝・坩・堝
8	啄木鳥
9	大袈裟
10	咆哮
11	嚥下
12	焙煎
13	媒染
14	背馳
15	廃置

5 四字熟語
各2点(30点)

問1 書き取り

1	和気
2	櫛風
3	唇歯
4	拳拳
5	狷介
6	鼓腹
7	磊落
8	左眄
9	琢磨
10	不遜

問2 解説・意味

11	ウ
12	カ
13	ア

7 熟語の読み・一字訓読み
各1点(10点)

ア	1	かつじ
	2	おろ
イ	3	きつぜつ
	4	ども
ウ	5	わいせい
	6	みじか・ひく
エ	7	きゅうじょ
	8	お
オ	9	かんこう
	10	と

8 対義語・類義語
各2点(20点)

1	末裔
2	勅撰

10 文章題
①〜⑩各2点
ア〜コ各1点(30点)

①	模糊・糢糊
②	忽
③	菩提
④	粧
⑤	漲
⑥	凱旋
⑦	目睫
⑧	遑(暇)
⑨	宜(諾)
⑩	襲
ア	よーろっぱ
イ	くみぐみ
ウ	そび
エ	うぃるへるむ

ランクアップ

1

11 夭折=若死に。夭逝《ようせい》。

12 齟齬=歯が合わない意味から、物事が食い違うこと。

20 嚆矢=物事のはじまり。

5

2 櫛風沐雨=風が髪の毛をくしけずり、激しい雨水で髪を洗うということから転じて、激しい風雨にさらされて苦労することのたとえ。

5 狷介孤高=かたく自分の意思を守り、人々から離れ超然としているさま。

16	17	18	19	20	21	22	23	24	25	26	27	28	29	30
じゅばん	ろか	せつな	ふくさ	こうし	いえど	みぞれ	ま	おぼろ	こ	うず	しこり	ただよ	いわ	やじり

3 国字 各2点（10点）

1	2	3	4	5
轌・艝	粁	椛	躮	凩

4 語選択・書き取り 各2点（10点）

1	2	3	4	5
乖離	讒言	贔屓・贔負	屹立	崑崙

14	15
ク	エ

6 熟字訓・当て字 各1点（10点）

1	2	3	4	5	6	7	8	9	10
パン	やし	ぼんぼり	びっくり	のし	たんぽぽ	すり	えせ	いざよい	とうもろこし

3	4	5	6	7	8	9	10
豪胆・剛胆	牽牛	雄飛	稚気	落魄	改竄	殷賑	鞭撻

9 故事・諺 各2点（20点）

1	2	3	4	5	6	7	8	9	10
沐猴	雉子・雉	鄒魯	胡蝶・蝴蝶	鼎食	涸沢	羽觴	晨	佞言	蝸牛

オ	カ	キ	ク	ケ	コ
よ	ぱり	あすふぁると・どれきせい	あまた	あつ	たと

6 2 香具師＝縁日や祭りなどで露店や見せ物をなりわいとする人。てき屋。

7 7 翕如＝音楽の音律などがよく合う様子。

9 1 沐猴にして冠す＝沐猴は猿。猿が冠をかぶり気取っているさまから、愚かな者が外見だけ飾っていること。

3 鄒魯の学＝孔子孟子の学。儒学。

7 羽觴を飛ばす＝羽觴は杯。客とさかんに杯をとりかわすさま。

8 牝鶏晨す＝雌鳥が鳴いたらその家が亡ぶ。妻が夫をさしおき、権勢を振るうと家運が衰え家が傾くというたとえ。

1級 第2回 模擬試験

実際の出題形式とは異なる場合があります。
実力チェック用としてお使いください。

得点 ／200点

1

次の傍線部分の読みをひらがなで記せ。1〜20は音読み、21〜30は訓読みである。

／30点 各1点

1 権力者に阿諛し迎合する。
2 僥倖に恵まれたおかげで勝利した。
3 絨毯に座って水煙草を吸う。
4 繁縟な規則が煩わしい。
5 辯才天は七福神の一人。
6 驢馬の背に荷を積む。
7 データの捏造を見抜けなかった。
8 彼の言い分はどうも平仄が合わない。
9 二棹の羊羹を土産に持っていく。
10 礼服の上に帯びた佩玉が音を立てる。
11 容貌、魁偉にして襤褸の僧。
12 クーデターで傀儡政権を立てる。

2

次のカタカナの部分を漢字で記せ。

／30点 各2点

1 兵馬をシッタして雪の峠を越える。
2 祭りのハンテンを作る。
3 二人だけでチョウチョウ喃喃している。
4 切腹のカイシャクをする。
5 ヒスイの腕輪。
6 王を毒殺して王位をサンダツする。
7 歴史の荒波にホンロウされた一生。
8 幼い頃からテンピンの音感があった。
9 皇帝の到着を告げるラッパが鳴った。
10 卵からフカしたての恐竜の化石。
11 広場を埋めた聴衆を前にシシクした。

4

次の1〜5の意味を的確に表す語を、左の□から選び、漢字で記せ。

／10点 各2点

1 作戦や計画を立てる本陣。
2 自分の態度、意見。
3 石を弾き飛ばす大弓。
4 親しいこと。
5 他人の心中を推し量ること。

じっこん	じょうこう	きし
そんたく	のべずり	どきゅう
いあく		

5

次の四字熟語について問1と問2に答えよ。

／30点 各2点

問1 次の四字熟語の（1〜10）に入る適切な語を左の□から選び漢字二字で記せ。

13 兌換紙幣は金貨や銀貨と交換できる。

14 赤い甲冑でそろえた赤備えの軍勢。

15 迎賓館の広場に儀仗兵が整列する。

16 任務を放擲して逃亡した。

17 冤罪事件の弁護を引き受ける。

18 撥水加工を施してあるコート。

19 祖父は薯蕷饅頭が大好物。

20 父親として忸怩たる思いがある。

21 雷鳴とともに大粒の雹が降ってきた。

22 ひらりと身を躱して走り去った。

23 熱した鏝で半田付けをする。

24 組織の箍がすっかり緩んでしまった。

25 何事が起こったかと訝る。

26 発泡酒のシェア争いで鎬を削る。

27 詐欺に瞞される。

28 歩道の段差に躓いた。

29 鑿を揮って石に仏を刻む。

30 緑の藻が透明な流れに靡いている。

---

12 殿様の御ラクインだと噂される子。

13 犯罪者のラクインを押される。

14 産出量についてはレキネンごとの統計がある。

15 レキネンの研究が実って受賞した。

3 次の**カタカナ**の部分を**国字**で記せ。

10点 各2点

1 着物の**ユキ**丈を測る。

2 天井に**ウン**繝彩色が施してある。

3 人情話を得意とする**ハナシ**家。

4 **カマス**に詰めた塩を倉庫に運び込む。

5 **ヤナ**で獲った鮎を焼いて食わせる。

ア(**1**)匪躬
イ(**2**)跫音
ウ(**3**)一番
エ(**4**)大笑
オ(**5**)素餐

カ 依怙(**6**)
キ 一觴(**7**)
ク 無欲(**8**)
ケ 剛毅(**9**)
コ 六韜(**10**)

ぼくとつ　きんこん　くうこく
ひいき　かか　けんけん
さんりゃく　しい　てんたん
いちえい

問2 次の**11～15**の**解説・意味**にあてはまるものを**問1**の**ア～コ**の**四字熟語**から一つ選び、**記号**（**ア～コ**）で記せ。

11 兵法の極意。虎の巻。奥の手。

12 酒を飲みながら詩を吟じて楽しむこと。

13 自分の利害を顧みず、君子につくすこと。

14 心を引き締め、奮い立って事に当たること。

15 大声で笑うさま。

6 次の**熟字訓・当て字**の読みを記せ。

10点 各1点

1 草鞋
2 余所見
3 莫大小
4 剽軽
5 博打
6 長押
7 殺陣師
8 台詞
9 醜名
10 自惚

7 次の**熟語の読み**と、その語義にふさわしい**訓読み**を（送りがなに注意して）ひらがなで記せ。

10点 各1点

ア 1 潭水……2 潭い
イ 3 静謐……4 謐らか
ウ 5 妻宿……6 妻ぐ
エ 7 眈々……8 眈む
オ 9 皓夜……10 皓い

8 次の**1～5**の**対義語**、**6～10**の**類義語**を後の□の中から選び、**漢字**で記せ。□の中の語は一度だけ使うこと。

20点 各2点

対義語

1 静寂
2 険道
3 敷居
4 沈着
5 尊貴

類義語

6 濃密
7 難関
8 徘徊
9 邁進
10 呑気

ほうこう　たんろ　ひせん
ひょういつ　あいろ　かもい
けんそう　ちゅうみつ　ばくしん
けいそう

9 次の**故事成語・諺**の**カタカナ**の部分を**漢字**で記せ。

20点 各2点

1 岐にコクし練に泣く。
2 石にクチススぎ流れに枕す。
3 エンカの駒。
4 シコウの聡。
5 カを伐る。
6 オトガイで蠅を追う。
7 キキに触れる。
8 ニガヒサゴにも取柄あり。
9 ドンシュウの魚。
10 シも舌に及ばず。

10 次の文章中の波線①～⑩のカタカナを漢字に直し、傍線部ア～コの漢字の読みをひらがなで記せ。

30点
①～⑩ 各2点
ア～コ 各1点

ある者は閑に任せて ア叮嚀な ①カイショを用い、ある者は心急ぎてか口惜し ②マギれかがりがりと壁を イ掻いて ウ擲り書きに ③ホり付けてある。又あるものは自家の紋章を刻み込んでその中に ④コガな文字をとどめ、或は ⑤タテの形を描いてその内部に読み難き句を残している。書体の異なる様に言語も又決して一様でない。英語は ⑥モチロンの事、エ以太利語も オ羅甸語もある。左側に「我が望は カ基督にあり」と刻されたのはパスリュという坊様の句だ。このパスリュは一五三七年に首を ⑦キられた。その ⑧カタワラにJOHAN DECKERと云う署名がある。デッカーとは何者だか分からない。階段を上って行くと戸の入口にT.C.というのがある。これも頭文字だけでは誰やら見当がつかぬ。それから少し離れて大変綿密なのがある。⑨マず右の端に十字架を描いて心臓を飾り付け、その脇に ⑩ガイコツと紋章をホり込んである。少し行くとタテの中に下の様な句を書き入れたのが目につく。「運命は空しく我をして心なき風に訴えしむ。時も キ摧けよ。わが星は悲かれ、我につれなかれ」。次には「ク凡ての人を尊べ。ケ衆生をいつくしめ。神を恐れよ。王を コ敬え」とある。

——夏目漱石『倫敦塔』

1級 第2回 模擬試験 解答と解説

1 読み 各1点（30点）

1	2	3	4	5	6	7	8	9	10	11	12	13	14	15
あゆ	ぎょうこう	じゅうたん	はんじょく	べんざいてん	ろば	ねつぞう	ひょうそく	ようかん	はいぎょく	らんる	かいらい	だかん	かっちゅう	ぎじょうへい

2 書き取り 各2点（30点）

1	2	3	4	5	6	7	8	9	10	11	12	13	14	15
叱咤	半纏・袢纏	喋喋・諜諜	介錯	翡翠	簒奪	翻弄	天稟	喇叭	孵化・孚化	獅子吼	落胤	烙印	暦年	歴年

5 四字熟語 各2点（30点）

問1 書き取り

1	2	3	4	5	6	7	8	9	10
蹇蹇	空谷	緊褌	呵呵	尸位	贔屓・贔負	一詠	恬淡・恬澹・恬憺	朴訥・木訥	三略

問2 解説・意味

11	12
コ	キ

7 熟語の読み・一字訓読み 各1点（10点）

	ア		イ		ウ		エ		オ
1	2	3	4	5	6	7	8	9	10
たんすい	ふか	せいひつ	やす	ろうしゅく	つな	たんたん	にら	こうや	しろ・きよ

8 対義語・類義語 各2点（20点）

1
喧騒・喧噪・喧譟

9 故事・諺 各2点（20点）

1	2	3	4	5	6	7	8	9	10
哭	漱	轅下	師曠	柯	頤	忌諱	苦瓢	呑舟	駟

10 文章題 ①～⑩各2点 ア～コ各1点（30点）

①	②
楷書	紛

ランクアップ

1
1 阿諛＝おもねり、へつらうこと。おべっか。
4 繁縟＝こまごまと、わずらわしいこと。
20 忸怩＝恥ずかしく思うこと。

5
2 空谷跫音＝思いがけない訪問者や便りがくる喜び。
5 尸位素餐＝高い位にいながら責任を尽くさず無駄に禄をもらっていること。

6
6 長押＝日本建築の柱と

16	ほうてき
17	えんざい
18	はっすい
19	しょよ・じょよ
20	じくじ
21	ひょう
22	かわ
23	こて
24	たが
25	いぶか
26	しのぎ
27	だま
28	つまず
29	のみ
30	なび

3 国字

各2点（10点）

1	裄
2	縷
3	噺
4	叺
5	簗

4 語選択・書き取り

各2点（10点）

1	帷幄
2	旗幟
3	弩弓
4	昵懇
5	忖度

13	ア
14	ウ
15	エ

6 熟字訓・当て字

各1点（10点）

1	わらじ
2	よそみ
3	メリヤス
4	ひょうきん
5	ばくち
6	なげし
7	たてし
8	せりふ
9	しこな
10	うぬぼれ

2	坦路
3	鴨居
4	軽躁
5	卑賤
6	稠密・綢密
7	隘路
8	彷徨
9	驀進
10	飄逸

③	彫
④	古雅
⑤	楯・盾
⑥	勿論
⑦	斬
⑧	傍
⑨	先
⑩	骸骨
ア	ていねい
イ	か
ウ	なぐ
エ	いたりあ
オ	らてん
カ	きりすと
キ	くだ
ク	すべ
ケ	しゅじょう・しゅしょう・すじょう
コ	うやま

杜を横に繋ぐ木の名称。

9 醜名＝自分の名の謙称。力士の呼び名。四股名は当て字。

9

1 哭は大声で泣く、岐は分かれ路、練は白い糸。人は習慣や心がけしだいで、善人にも悪人にもなるということ。

3 轅下の駒＝人から束縛され自由にならない。または、力が足りず任務を果たせないこと。

4 師曠の聡＝音楽をよく聴き分ける人。

10 駟も舌に及ばず＝「駟」は馬四頭立ての馬車。いったん口にした言葉はあっという間に広がる。

1級 第3回 模擬試験

実際の出題形式とは異なる場合があります。実力チェック用としてお使いください。

得点 ／200点

1 次の傍線部分の読みをひらがなで記せ。**1～20**は音読み、**21～30**は訓読みである。　／30点 各1点

1 葦の茂る水面が渺渺と広がっている。
2 篆刻を習って自分の印を彫る。
3 比国は七千余の島嶼からなる国だ。
4 伯父は吝嗇家で有名だ。
5 贖罪の羊を神に捧げる。
6 女衒に連れられて廓に奉公に出る。
7 蠱惑的な青い目が男を虜にした。
8 俗界から離れ独り飄々と暮らす。
9 財産も地位も失い落魄の身となる。
10 大腿部や臀部の筋肉を鍛える。
11 国境の町は侵略軍に蹂躙された。
12 県道で轢死体が見つかった。

2 次のカタカナの部分を**漢字**で記せ。　／30点 各2点

1 皆のキタンのない意見を聞きたい。
2 脳疾患によるセンモウがみられる。
3 戦時にはシャシ禁止令が出された。
4 行く手に岩山がガガと聳えている。
5 マツゲの涙をそっと拭う。
6 海鼠はキョクヒ動物の一種だ。
7 日本人の海賊をワコウといって恐れた。
8 野外生活ではシニョウ処理が大問題だ。
9 甕に溜まった雨水にボウフラがわく。
10 想像上の霊獣ショウジョウは酒好き。

4 次の**1～5**の**意味を的確に表す語**を、左の□から選び、**漢字**で記せ。　／10点 各2点

1 軽はずみなこと。
2 プライド。ほこり。
3 あっさりして拘りがないこと。
4 ねぎのはな。擬宝珠の異称。
5 霊などが乗り移ること。

そうか	きょうじ	てんどく
ひょうい	そこつ	てんたん
たまくしげ		

5 次の四字熟語について**問1**と**問2**に答えよ。　／30点 各2点

問1
次の四字熟語の（**1～10**）に入る適切な語を左の□から選び**漢字二字**で記せ。

13 会長の謦咳に接することができた。
14 啓蟄を過ぎ一段と暖かくなった。
15 官僚主義を揶揄した劇がヒットした。
16 週刊誌に彼を誹謗する記事が載った。
17 名誉毀損で訴えたが敗訴した。
18 山野を跋渉して薬草を探す。
19 虎は獅子より獰猛だといわれる。
20 山奥の辺鄙な村にも春がやってきた。
21 食糧を求める人が広場に犇いている。
22 鳥も夕暮れになれば塒に帰る。
23 中国風の肉入り粽を食べた。
24 膾は日本酒に合う。
25 悲惨な話に村人はみな眉を顰めた。
26 水を入れた甕を担いで山道を上る。
27 襞の沢山ついた派手な洋服を着る。
28 川底を浚って捨てられた拳銃を捜す。
29 前王を弑して国を乗っ取る。
30 棺を鬻ぐ者もあり春を鬻ぐ者もあり。

---

11 皆で寄ってたかって**ナブ**り者にする。
12 野球の巧打者は**ドウタイ**視力が高い。
13 少子化が人口**ドウタイ**調査で分かる。
14 **チュウトウ**の詩人、白居易。
15 **チュウトウ**は五悪の一つ。

3 次の**カタカナ**の部分を**国字**で記せ。

10点 各2点

1 芸妓を俗に**ヒダリヅマ**という。
2 来年播く種**モミ**を貯蔵しておく。
3 古都の**オモカゲ**を残している旧市街。
4 **コウジ**が酒の出来を左右する。
5 一日**クルマ**を曳いて稼ぎは僅かだ。

ア（**1**）夷狄
イ（**2**）三絶
ウ（**3**）一笑
エ（**4**）弄月
オ（**5**）曲折

カ 三面（**6**）
キ 勇気（**7**）
ク 毀誉（**8**）
ケ 桜花（**9**）
コ 好評（**10**）

ほうへん	さくさく	いちびん
らんまん	きんじゅう	しょうふう
いへん	りんりん	うよ
ろっぴ		

問2 次の**11～15**の**解説・意味**にあてはまるものを**問1**の**ア～コ**の**四字熟語**から一つ選び、**記号**（**ア～コ**）で記せ。

11 野蛮な異民族。
12 勇ましく、りりしいさま。
13 書物を熟読すること。
14 ちょっとした表情のこと。
15 口々に褒めそやすこと。

6 次の**熟字訓・当て字**の読みを記せ。

10点 各1点

1 木菟
2 弥撒
3 長閑
4 心太
5 悪阻
6 手弱女
7 乃公
8 新発意
9 独楽
10 澪標

7 次の**熟語の読み**と、その語義にふさわしい**訓読み**を（送りがなに注意して）ひらがなで記せ。

10点 各1点

ア 1 蹙眉……2 蹙る
イ 3 泥濘……4 濘る
ウ 5 惻隠……6 惻む
エ 7 殷賑……8 殷ん
オ 9 歇息……10 歇む

8 次の1～5の**対義語**、6～10の**類義語**を後の□の中から選び、**漢字**で記せ。□の中の語は一度だけ使うこと。

20点 各2点

対義語

1 頑丈
2 恩義
3 大手
4 粘液
5 薄暮

類義語

6 起源
7 永眠
8 造詣
9 越権
10 放擲

うんちく	はいき	からめて
ぜいじゃく	しょうえき	せんえつ
らんしょう	えんこん	れいめい
せいきょ		

9 次の故事・成語・諺のカタカナの部分を**漢字**で記せ。

20点 各2点

1 道にオちたるを拾わず。
2 ヤクロウチュウの物。
3 羊頭を懸げてクニクを売る。
4 ヒキュウの節。
5 兵はキドウなり。
6 テンライを聞く。
7 肺肝をクダく。
8 ザンゼンとして頭角を現す。
9 モクシことごとく裂く。
10 ハレモノにさわる。

10 次の文章中の波線①～⑩の**カタカナ**を**漢字**に直し、傍線部**ア～コ**の**漢字の読み**を**ひらがな**で記せ。

30点
①～⑩ 各2点
ア～コ 各1点

①ココは南蛮寺の堂内である。ふだんならばまだ硝子画（ア）の窓に日の光の当っている時分であろう。が、今日は②ツユ曇りだけに、日の暮の暗さと変りはない。その中に唯ゴティック風の柱がぼんやり木の肌を光らせながら、高だかとレクトリウムを守っている。それからずっと堂の奥に常燈明（イ）の油火が一つ、龕（ウ）の中に③タタズんだ聖者の像を照らしている。④サンケイ人はもう一人もいない。

そう云う薄暗い堂内に⑤コウモウ人の神父が一人、祈禱（エ）の頭を⑥タれている。年は四十五六であろう。額の狭い、顴骨（オ）の突き出た、⑦ホオヒゲの深い男である。床の上に引きずった着物は「あびと」と称（カ）える⑧ソウイらしい。そう云えば「こんたつ」と称える念珠（キ）も手頸（ク）を一巻き巻いた後、かすかに青珠をタらしている。

堂内は勿論（ケ）ひっそりしている。神父は何時までも身動きをしない。

⑨ソコへ日本人の女が一人、静かに堂内にはいって来た。⑩モン（注）を染めた古帷子（コ）に何か黒い帯しめた、武家の女房らしい女である。これはまだ三十代であろう。が、ちょいと見たところは、年よりはずっとふけて見える。

――芥川龍之介『おしの』

（注）モン＝代々伝わる家の章

1級 第3回 模擬試験 解答と解説

1 読み 各1点（30点）

1	びょうびょう
2	てんこく
3	とうしょ
4	りんしょく
5	しょくざい
6	ぜげん
7	こわく
8	ひょうひょう
9	らくはく
10	でんぶ
11	じゅうりん
12	れきしたい
13	けいがい
14	けいちつ
15	やゆ

2 書き取り 各2点（30点）

1	忌憚
2	譫妄
3	奢侈
4	峨峨
5	睫・睫毛
6	棘皮
7	倭寇
8	屎尿
9	孑孑・孑孒
10	猩猩
11	鼬
12	動体
13	動態
14	中唐
15	偸盗

5 四字熟語 各2点（30点）

問1 書き取り

1	禽獣
2	韋編
3	一顰
4	嘯風
5	紆余
6	六臂
7	凜凜
8	褒貶
9	爛漫
10	嘖嘖

問2 解説・意味

11	ア
12	キ
13	イ

7 熟語の読み・一字訓読み 各1点（10点）

ア	1	しゅくび
	2	せま・け
イ	3	でいねい
	4	ぬか
ウ	5	そくいん
	6	いた
エ	7	いんしん
	8	さか
オ	9	けっそく
	10	やす・や

8 対義語・類義語 各2点（20点）

1	脆弱
2	怨恨

10 文章題 ①～⑩各2点 ア～コ各1点（30点）

①	此処
②	梅雨
③	佇・站・竚
④	参詣
⑤	紅毛
⑥	垂
⑦	頬髭・髯
⑧	僧衣
⑨	其処・其所
⑩	紋
ア	がらす
イ	じょうとうみょう
ウ	がん
エ	きとう

ランクアップ

1

4 吝嗇＝過度に物惜しみすること。けち。

13 謦咳＝せきばらい。―に接するで（目上の人に）直接お目にかかる、という意味。

2

3 奢侈＝度を過ぎた贅沢。

5

4 嘯風弄月＝自然の風景を愛で、風流なさまに心を寄せること。

8 毀誉褒貶＝褒めたり貶したりすること。

番号	解答
16	ひぼう
17	きそん
18	ばっしょう
19	どうもう
20	へんぴ
21	ひしめ
22	ねぐら
23	ちまき
24	なます
25	ひそ
26	かめ
27	ひだ
28	さら
29	しい
30	ひさ

3 国字

各2点（10点）

番号	解答
1	左褄
2	籾
3	俤
4	糀
5	俥

4 語選択・書き取り

各2点（10点）

番号	解答
1	粗忽
2	矜持・矜恃
3	恬淡・恬澹・恬憺
4	葱花
5	憑依

番号	解答
14	ウ
15	コ

6 熟字訓・当て字

各1点（10点）

番号	解答
1	みみずく
2	みさ
3	のどか
4	ところてん
5	つわり
6	たおやめ
7	だいこう
8	しんぼち
9	こま
10	みおつくし

番号	解答
3	搦(め)手
4	漿液
5	黎明
6	濫觴
7	逝去
8	蘊蓄・薀蓄
9	僭越
10	廃棄

9 故事・諺

各2点（20点）

番号	解答
1	遺
2	薬籠中
3	狗肉
4	匪躬
5	詭道
6	天籟
7	摧
8	嶄然
9	目眦
10	腫物

記号	解答
オ	かんこつ
カ	とな
キ	ねんじゅ
ク	てくび
ケ	もちろん
コ	ふるかたびら

6

6 手弱女＝女。たおやかな女。しなやかな女。

9

2 薬籠中の物＝自分の手中にあって、自由になる物（人）のこと。

4 匪躬の節＝自分の身を顧みず君主に尽くすこと。

5 兵は詭道＝兵法、戦術とはもとより相手をあざむく方法なのだ、という意味。

6 天籟を聞く＝自他の区別を忘れ無心となり、自然のリズムと同化すること。

9 目眦ことごとく裂く＝「眦」はまなじり。まなじりが張り裂けんばかりに怒り睨む様子。四字熟語で目眦尽裂。

漢字得コラム▼故事成語 諺

動植物の名前も多く登場する故事成語・諺の問題。意味とも関連づけて覚えよう！

羹《あつもの》に懲りて膾《なます》を吹く——
一度の失敗に懲り、慎重になりすぎて滑稽なさま。

虻《あぶ》(蝱)蜂《はち》取らず——
欲張って、かえって失敗することのたとえ。

韋編《いへん》三度断つ——
孔子は、本の皮ひもが三度もすり切れるほど「易経」を熟読したという故事から、読書に熱中すること。

殷鑑《いんかん》遠からず——
自分の戒めとするものが、遠い昔にではなく、すぐ目の前にあること。

肝胆相照《かんたんあい》らす仲——
腹の底までうち割って話せる相手。

強弩《きょうど》の末は魯縞《ろこう》をも穿《うが》つ能《あた》わず——
強大を誇っていたものも、勢いが衰える頃には何事もなし得ぬこと。

毛を謹んで貌《かたち》を失う——
枝葉のことにこだわりすぎて、根本を忘れること。

鎬《しのぎ》を削る——
激しく戦っている状態。

桃李《とうり》言わざれども下自《おのずか》ら蹊《こみち》を成す——
徳のある人には、人々が慕い集まってきて自然に小道ができるものだ。

蟷螂《とうろう》の斧——
蟷螂＝カマキリ。弱者が身の程をわきまえずに強敵に立ち向かうこと。

人間万事塞翁《さいおう》が馬——
人生の幸不幸は定まらないもの。

贔屓《ひいき》(負)の引き倒し——
ひいきをしすぎて、かえって不利な目に遭わせてしまうこと。

第3章

資料編

準1級新出漢字一覧

◀画数 ◀漢字 ◀異体字など（詳細は日本漢字能力検定協会の資料を参照のこと。） ◀読み（カタカナは音、ひらがなは訓読みを示す。） ◀用語例

画数	漢字	異体字など	読み	用語例
9	殆		タイ、あやうい、ほとほと、ほとんど	危殆
11	悉		シツ、ことごとく	知悉、悉皆
15	僻		ヘキ、かたよる、ひがむ	僻言、僻遠
8	阿		ア、おもねる、くま	四阿
10	恕		ショ、ジョ、ゆるす	宥恕、寛恕
14	頗		ハ、すこぶる	偏頗、頗僻
17	嬰		エイ	退嬰、嬰児
8	臥		ガ、ふす	仰臥、起臥
11	晦	晦	カイ、くらい、くらます、つごもり、みそか	晦渋、晦冥
14	魁		カイ、かしら、さきがけ	首魁、渠魁
14	厭		エン、オン、ヨウ、あきる、いとう、いや	厭悪、厭離
8	欣		キン、ゴン、よろこぶ	欣喜、欣快
13	禽		キン、とり	家禽、鳴禽
14	膏		コウ、あぶら、こえる	膏血、膏雨
8	忽		コツ、たちまち、ゆるがせ	粗忽、忽然
6	夙		シュク、つとに、はやい	夙夜、夙志
14	塵		ジン、ちり	塵芥、微塵
10	脆		セイ、ゼイ、もろい	脆弱
9	穿	穿	セン、うがつ、はく、ほじる	穿孔
8	坦		タン、たいら	平坦、夷坦
21	纏	纒	テン、まつる、まつわる、まとう、まとめる、まとい	纏絡、纏着
15	蕩		トウ、とろける	蕩尽、放蕩
9	宥		ユウ、なだめる、ゆるす	宥恕
11	偓		アク	偓促
7	劫	刧	キョウ、コウ、ゴウ、おびやかす	億劫、永劫
11	捷		ショウ、かつ、はやい	敏捷、捷報
17	擢	擢	タク、テキ、ぬく、ぬきんでる	抜擢、擢用
10	凋	凋	チョウ、しぼむ	凋落、凋残
19	轍		テツ、わだち	途轍
15	撞		シュ、トウ、ドウ、つく	撞着、撞入
18	瀆	涜	トク、けがす、みぞ	冒瀆、瀆職

画数	漢字	許容字体	読み	用例
16	諫	諫	カン、いさめる	諫言、諫輔
5	禾		カ、いね、のぎ	禾穀、禾穎
10	烏		ウ、オ、いずくんぞ、からす	烏有、烏鷺
7	佑		ウ、ユウ、たすける	天佑
14	駁		ハク、バク、ぶち、まだら	反駁、雑駁
7	呑	吞	トン、ドン、のむ	併呑、呑吐
13	遁	遁	シュン、ジュン、トン、のがれる	遁走、遁辞
13	蒼		ソウ、あお、あおい	蒼白
13	瑞		ズイ、しるし、みず	瑞瑞しい、瑞穂
13	馴		シュン、ジュン、ならす、なれる	馴致、馴化
14	爾	尓	ジ、ニ、なんじ	爾汝、爾後
6	弛		シ、チ、たゆむ、たるむ、ゆるむ	弛緩
7	些		サ、いささか、すこし	些細、些事
9	巷	巷	コウ、ちまた	巷説、巷間
10	倦	倦	ケン、あきる、あぐむ、うむ	倦怠
9	盈		エイ、みちる	盈虚、満盈
9	歪		ワイ、いびつ、ひずむ、ゆがむ	歪曲
10	凌		リョウ、しのぐ	凌駕、凌雲
17	瞥	瞥	ベツ、みる	一瞥、瞥見
18	謬	謬	ビュウ、あやまる	謬見、謬説
10	捌		ハチ、ハツ、ベツ、さばく、さばける、はける	水捌
7	禿		トク、かむろ、ちびる、はげる、はげ	禿筆
13	鼎		テイ、かなえ	鼎談、鼎立
18	擾		ジョウ、みだれる	擾乱、紛擾
10	峻		シュン、けわしい、たかい	岨峻、峻拒
11	這	這	シャ、この、はう	這般
8	昏		コン、くれ、くらい	黄昏、昏倒
9	恰		カッ、コウ、あたかも	恰幅
9	垢		ク、コウ、あか	無垢、垢衣
11	牽		ケン、ひく	牽制
10	矩	矩	ク、さしがね、のり	矩形
14	厩	厩廐廄	キュウ、うまや	厩舎、厩肥
12	淵	渕	エン、ふち	深淵、淵源

画数	漢字	異体	読み	用例
10	屑	屑	セツ くず	屑屑 藻屑
19	蘇		ス ソ よみがえる	蘇生
14	聡	聰	ソウ さとい	聡明 聡恵
10	啄	啄	タク トク ついばむ	啄木鳥
14	暢		チョウ のびる	暢達 流暢
19	寵		チョウ めぐむ	寵児 鍾寵
19	顚	顛	テン いただき たおれる	顚末 山顚
7	庇		ヒ かばう ひさし	庇護
11	萌	萠	ホウ ボウ きざす めぐむ もえる もやし	萌芽 萌生
14	蔓		バン マン つる	蔓延 金蔓
4	尤		ユウ とがめる もっとも	尤物
7	牢		ロウ ひとや	堅牢 牢守
7	伽		カ ガ キャ とぎ	伽羅 御伽噺
14	赫		カク あかい かがやく	赫灼 赫怒
16	窺		キ うかがう のぞく	窺管 窺見
13	鳩		キュウ ク あつめる はと	鳩首
6	匡		キョウ ただす	匡正 匡弼
11	捲	捲	ケン まく まくる めくる	席捲
16	諺	諺	ゲン ことわざ	俗諺 古諺
13	跨		コ また またがる またぐ	跨線橋 跨年
15	糊		コ のり	模糊 糊塗
5	叩		コウ たたく はたく	叩門 叩頭
8	昂		コウ ゴウ あがる たかぶる	激昂 軒昂
8	肴		コウ さかな	酒肴 佳肴
17	鴻		コウ おおとり	鴻毛
7	坐		ザ いながら います すわる そぞろに まします	坐臥
16	餐		サン	晩餐 加餐
20	纂		サン あつめる	編纂 纂述
7	灼	灼	シャク あらたか やく	赫灼 灼熱
12	葺		シュウ ふく	葺屋 茅葺
17	趨		シュ スウ おもむく はしる	趨勢 趨向
17	儲	儲	チョ もうける	儲君 儲嗣
14	綴		テイ テツ つづる とじる	補綴 点綴
12	堵	堵	ト かき	安堵 堵列
10	套		トウ かさねる	常套

13	煤		バイ すす すすける	煤煙
15	撫		フ ブ なでる	慰撫 鎮撫
15	蕪		ブ ム あれる かぶ かぶら	蕪雑 蕪辞
14	碧		ヘキ あお みどり	紺碧 碧梧
13	蒙		ボウ モウ くらい こうむる	蒙昧 啓蒙
20	燿		ヨウ かがやく	光燿 栄燿
10	狼		ロウ おおかみ	狼狽
16	謂		イ いう いい いわれ	—
7	迂	迂	ウ	迂遠 迂路
16	穎	頴	エイ	穎脱 禾穎
9	恢	恢	カイ おおきい ひろい	恢郭 恢偉
12	凱		カイ ガイ かちどき やわらぐ	凱歌 凱旋
8	怯		キョウ コウ おびえる ひるむ	怯夫 怯弱
12	寓		グ グウ	寓意 仮寓
15	慧		エ ケイ かしこい さとい	慧眼 慧敏
11	訣		ケツ わかれる	秘訣 永訣
17	糠		コウ ぬか	糠袋 糠漬
18	鵠	鵠	コウ コク くぐい まと	正鵠
19	櫛	櫛櫛	シツ くし くしけずる	櫛比
12	惹	惹	ジャ ジャク ひく	惹起
3	勺		シャク	—
8	杵		ショ きね	臼杵
14	嘗	甞	ショウ ジョウ かつて なめる	嘗試 大嘗会
14	賑		シン にぎやか にぎわう	賑給
10	閃		セン ひらめく	閃光
14	煽	煽	セン あおり あおる おだてる	煽情
8	岨		ソ そば	岨峻 岨道
13	搔	掻	ソウ かく	足搔く
18	叢		ソウ くさむら むらがる	叢書
2	乃		ダイ ナイ すなわち なんじ の	乃公 乃父
21	鐸		タク すず	木鐸
5	汀		テイ なぎさ みぎわ	汀渚
7	辿	辿	テン たどる	—

7	杜		ズ ト ふさぐ もり	杜撰 杜漏
11	逗	逗	ズ トウ とどまる	逗留
16	錘		スイ おもり つむ	紡錘
10	挽	挽	バン ひく	挽歌 挽回
12	弼		ヒツ すけ たすける	輔弼 匡弼
11	畢		ヒツ おわる	畢生
10	豹	豹	ヒョウ	豹変
15	廟	廟	ビョウ たまや みたまや	廟堂 廟議
18	鞭		ヘン ベン むち むちうつ	先鞭 教鞭
7	牡		ボ ボウ お おす	牝牡 牡蠣
11	烹		ホウ にる	割烹 烹煎
15	鋒		ホウ ほこ ほこさき	舌鋒 筆鋒
9	虻	蝱	ボウ モウ あぶ	蚊虻
8	沫		マツ バツ あわ	沫雪 飛沫
12	悶		モン もだえる	悶絶 悶着
13	爺		ヤ じじ	好好爺 老爺
12	揖		シュウ ユウ	一揖 揖譲
17	輿		ヨ こし	神輿 輿望
17	螺		ラ つぶ にし	螺旋 吹螺
11	掠		リャク リョウ かすめる かすれる	掠奪
11	梁		リョウ うつばり はし はり やな	橋梁 跳梁
14	屢	屡	ル しばしば	屢述 屢次
19	簾	簾	レン す すだれ	御簾 簾政
6	瓜	瓜	カ うり	甜瓜
8	卦		カ ケ うらない	卦兆 有卦
9	俄		ガ にわか	俄然
15	駕		ガ のる のりもの	凌駕 繋駕
12	脹		チョウ ふくれる はれる	膨脹
9	廻		エ カイ まわす まわる めぐらす めぐる	廻向
12	雁	鴈	ガン かり	雁首 雁書
19	贋		ガン にせ	真贋 贋作
15	毅		キ たけし つよい	毅然 弘毅
21	鰭		キ ひれ	尾鰭
11	掬		キク すくう	一掬 掬飲
8	狗		ク コウ いぬ	走狗
18	軀	躯	ク からだ むくろ	痩軀
12	喧		ケン かまびすしい やかましい	喧騒 喧伝
8	姑		コ しばらく しゅうとめ	姑息

画数	漢字	異体字	読み	用例
9	狐	狐	コ、きつね	狐狸、董狐
16	縞		コウ、しま	格子縞、縞柄
13	蓑	簑簔	サ、サイ、みの	蓑笠
10	窄		サク、すぼむ、せばまる、せまい、つぼむ	狭窄
10	朔		サク、ついたち	朔北、朔日
17	燦		サン、あきらか	燦然、燦燦
11	梓		シ、あずさ	上梓、桑梓
11	雀		ジャク、すずめ	孔雀
19	繡	繍	シュウ、ぬいとり	刺繡、繡閣
6	戎		ジュウ、えびす、つわもの	戎馬、西戎
15	醇		シュン、ジュン、あつい、もっぱら	醇化、醇乎
17	燭		ショク、ソク、ともしび	蝋燭、華燭
16	儘	侭	ジン、ことごとく、まま	気儘
14	翠	翆	スイ、みどり	翠黛、翠嵐
14	碩		セキ、おおきい	碩学、碩儒
6	尖		セン、さき、とがる	尖兵、舌尖
17	糟		ソウ、かす	糟粕
16	黛	黛	タイ、まゆずみ	翠黛、黛青
10	耽		タン、ふける	耽溺、耽読
12	湛		タン、チン、たたえる	湛然
17	檀		タン、ダン、まゆみ	紫檀
10	紐		ジュウ、チュウ、ひも	紐帯
12	厨	廚	ズ、チュウ、くりや	厨房、厨子
11	猪	豬猪	チョ、い、いのしし	猪口、猪突
13	椿		チン、つばき	椿事、椿寿
16	薙		チ、テイ、なぐ	薙髪
11	甜		テン、あまい	甜酒、甜瓜
16	澱		テン、デン、おり、よどむ	澱粉
12	敦		トン、あつい	敦信、敦厚
22	囊	嚢	ドウ、ノウ、ふくろ	囊中、土囊
10	狽		バイ	狼狽
22	轡		ヒ、くつわ、たづな	轡虫
12	逼	逼	ヒツ、ヒョク、せまる	逼迫、逼塞
14	篦	箆	ヘイ、の、へら	竹篦
13	蒲		フ、ブ、ホ、がま	蒲鉾、蒲柳
14	輔		フ、ホ、すけ、たすける	輔弼、諫輔
11	捧		ホウ、ささげる	捧読み、捧腹
8	茅		ボウ、かや、ちがや	茅屋、茅葺き

16	穆		ボク モク	清穆 穆穆
4	勿		ブツ モチ なかれ	勿怪 勿論
7	邑		オウ ユウ くに むら	邑落 都邑
19	蠅	蝿	ヨウ はえ	蠅頭
12	葎		リツ むぐら	八重葎
24	鱗	鱗	リン うろこ	嬰鱗 逆鱗
14	漉		ロク こす すく	—
14	斡		アツ カン ワツ めぐる	斡旋
9	按		アン おさえる	按問 按罪
11	惟		イ ユイ おもう これ ただ	惟一
9	郁		イク かぐわしい	郁郁
4	允		イン じょう まこと ゆるす	允可 允許
9	胤		イン たね	後胤 落胤
8	奄		エン おおう たちまち	奄奄
12	堰		エン せく せき	堰塞 堰堤
11	掩		エン おおう	掩護 掩蓋
14	嘉		カ よい よみする	嘉瑞 嘉尚
13	碍	礙	ガイ ゲ さまたげる	無碍 阻碍
18	鎧		カイ ガイ よろう よろい	鎧戸
14	摑	掴	カク つかむ	鷲摑
14	劃		カク くぎる	劃然 区劃
17	鍔		ガク つば	鍔際 金鍔
12	欽		キン つつしむ	欽慕 欽定
11	袈		ケ	大袈裟 袈裟
9	胡		ウ コ ゴ えびす なんぞ	胡乱 胡座
12	壺	壷	コ つぼ	壺中 銅壺
7	冴	冱	ゴ さえる	—
21	轟		ゴウ とどろく	轟音 轟然
8	坤		コン ひつじさる	乾坤 坤軸
5	乍		サ たちまち ながら	—
13	裟		サ	大袈裟 袈裟
9	哉		サイ かな や	快哉
6	此		シ かく この ここ これ	彼此
7	孜		シ	孜孜
12	斯		シ かかる かく この これ	斯界 斯道
13	獅		シ	獅子

画数	漢字	異体字	読み	用例
15	蕊	蕋蘂	ズイ しべ	雌蕊 花蕊
16	錐		スイ きり	立錐 円錐
9	矧		シン はぐ	—
7	杖		ジョウ つえ	錫杖 頰杖
16	鞘	鞘	ショウ さや	利鞘 鞘当
11	梢		ショウ こずえ	末梢
12	閏		ジュン うるう	閏月 正閏
12	竣		シュン	竣成 竣工
17	濡		ジュ うるおう ぬれる	濡滞
13	蒔		シ ジ うえる まく	蒔絵
16	諜		チョウ	諜報 間諜
12	喋		チョウ しゃべる	喋喋
13	馳		ジ チ はせる	背馳
18	簞	箪	タン はこ	簞笥
12	巽	巽	ソン たつみ	巽言 巽位
12	曾	曽	ソ ソウ ゾ ゾウ かつて	曾遊 未曾有
14	銑		セン ずく	溶銑
18	蟬	蝉	セン ゼン せみ	蟬脱 残蟬
12	棲		セイ すむ	棲息 幽棲
18	雛		スウ ひな ひよこ	雛僧 雛孫
11	菩		ホ ボ	菩提 菩提樹
12	焚		フン たく やく	焚刑
7	吻		フン くちさき くちびる	口吻 吻合
13	稗	稗	ハイ ひえ	稗史 稗官
15	播		ハ バン まく	伝播 播植
11	捺		ダツ ナツ おす	捺印 押捺
6	凪		なぐ なぎ	油凪
20	鐙		トウ あぶみ	馬鐙
19	禱	祷	トウ いのる	黙禱
10	挺		チョウ テイ ぬく ぬきんでる	挺出
12	渥		アク あつい	優渥 渥彩
24	鷺		ロ さぎ	烏鷺
13	蓮	蓮	レン はす はちす	紅蓮
15	遼	遼	リョウ はるか	遼遠
13	溜	溜	リュウ たまる ためる ため	溜息
11	笠		リュウ かさ	蓑笠
9	籾	籾	もみ	種籾 籾殻
14	鳳		ブウ ホウ おおとり	鳳凰
10	莫		バク ボ マク モ ない なかれ	莫大 闇莫

画数	漢字	許容字体	読み	用例
13	溢	溢	イツ　あふれる　こぼれる　みちる	溢水　充溢
6	曳	曵	エイ　ひく	曳航　揺曳
9	洩		エイ　セツ　もれる	漏洩
14	鳶		エン　とび　とんび	紙鳶　鳶職
16	鴛		エン　おしどり	鴛鴦
16	鴦		オウ　おしどり	鴛鴦
7	芥		カイ　ケ　あくた　からし	塵芥　厨芥
9	咳		カイ　ガイ　しわぶく　しわぶき　せく　せき	鎮咳　咳気

画数	漢字	許容字体	読み	用例
15	漑	漑漑	カイ　ガイ　そそぐ	灌漑
12	筈		カツ　はず　やはず	手筈
9	竿		カン　さお	竹竿
16	翰	翰	カン　ふで　ふみ	翰墨　筆翰
15	翫	翫	ガン　もてあそぶ	翫笑　翫弄
16	徽	徽	キ　しるし　よい	徽章　徽言
9	祇	祇	ギ	地祇　神祇
7	杏		アン　キョウ　あんず	杏林
12	喬		キョウ　たかい	喬木
15	蕨		ケツ　わらび	早蕨
13	蜎		ケン　うつくしい	蜎蜎

画数	漢字	許容字体	読み	用例
5	弘		グ　コウ　ひろい　ひろめる	弘誓　弘毅
6	亙		コウ　わたる	聯亙　綿亙
8	肱		コウ　ひじ	股肱
10	浩		コウ　ひろい	浩大
11	惚		コツ　とぼける　ほれる　ほうける　ぼける	寝惚
11	梱		コン　こり　しきみ	梱包　二梱
9	柴		サイ　しば	柴扉　鹿柴
10	砦		サイ　とりで	城砦　山砦
11	啐		サイ　ソツ	啐啄

画数	漢字	許容字体	読み	用例
3	之		シ　これ　の　ゆく	—
9	屍		シ　しかばね	死屍
11	匙		シ　さじ	薬匙
6	而		ジ　しかして　しかも	而立
7	杓	杓	シャク　ヒョウ　しゃくう　ひしゃく	杓子
16	錫		シャク　セキ　すず	錫杖
15	輯		シュウ　あつめる	集輯　編輯
12	粥		イク　シュク　かゆ　ひさぐ	芋粥　粥腹

12	黍		ショ きび	禾黍 黍餅
11	渚	渚	ショ なぎさ みぎわ	汀渚
17	篠	篠 筱	ショウ しの	篠突
17	鍾		ショウ あつめる	鍾美 鍾愛
12	靭	靱 靭	ジン しなやか	強靭
13	嵩		シュウ スウ かさ かさむ	水嵩
12	甥		ショウ セイ おい	甥姪 外甥
10	栴		セン	栴檀
12	揃	揃	セン そろう そろえる	勢揃い 揃刈
15	撰	撰	サン セン えらぶ	杜撰
15	箭	箭	セン や	弓箭 箭頭
13	楚		ソ いばら しもと すわえ	清楚
13	鼠	鼡	ショ ソ ねずみ	鼠輩 鼠盗
12	葱		ソウ ねぎ	浅葱 葱青
14	綜		ソウ すべる	錯綜
17	甑	甑	ソウ こしき	甑中
12	粟		ショク ソク ゾク あわ	稲粟 粟粒
6	托		タク	托鉢 茶托
15	歎	歎	タン なげく	歎賞 歎傷
22	灘	灘	タン ダン なだ	急灘 灘響
14	肇	肇	チョウ はじめる	肇造 肇国
14	槌	槌	ツイ つち	鉄槌 相槌
9	剃		テイ そる	剃髪 剃度
16	蹄		テイ ひづめ	馬蹄
10	荻		テキ おぎ	荻花
7	兎	兔 兎	ト うさぎ	兎烏
17	濤	涛	トウ なみ	怒濤
13	牌	牌	ハイ ふだ	位牌 賞牌
19	曝		バク ホク さらす	曝書
17	瓢	瓢	ヒョウ ひさご ふくべ	瓢箪
11	埠		フ はとば	埠頭
16	鮒		フ ふな	—
14	蓬	蓬	ホウ よもぎ	蓬莱
14	蔀		ホウ しとみ	—
19	鵬		ホウ おおとり	鵬程
24	鷹		オウ ヨウ たか	鷹揚
13	煉	煉	レン ねる	煉瓦
15	魯		ロ おろか	魯鈍 頑魯
22	聾		ロウ	聾者
11	啞	唖	ア アク	啞然
12	蛙		ア ワ かえる	井蛙 蛙声

画数	漢字	異体字	読み	用例
6	夷		イ / えびす / えみし	夷坦 / 夷顔
21	鰯	鰯	いわし	鰯雲
16	叡	睿	エイ	叡慮 / 叡断
17	霞		カ / かすむ / かすみ	煙霞 / 雲霞
14	廓		カク / くるわ	廓然
15	樫		かし	―
8	侃		カン / つよい	侃侃 / 侃直
17	癌		ガン	発癌 / 喉頭癌
7	妓		ギ / わざおぎ	名妓 / 舞妓
15	誼		ギ / よしみ	友誼
17	鞠		キク / まり	鞠問 / 蹴鞠
16	橘		キツ / たちばな	柑橘 / 橘中
4	仇		キュウ / あだ / かたき	仇敵 / 仇怨
10	笈	笈	キュウ / おい	書笈
16	彊		キョウ / しいる / つよい	自彊
22	饗	饗饗	キョウ / あえ / もてなす	饗宴
10	卿	卿卿	キョウ / ケイ / きみ	卿相
17	繋	繫	ケイ / かかる / つながる / つなぐ	繋泊 / 繋駕
20	馨		キョウ / ケイ / かおり / かおる	馨逸 / 芳馨
12	萱		カン / ケン / かや	萱堂
6	伍		ゴ	落伍
8	庚		コウ / かのえ	庚申 / 庚寅
3	叉		サ / シャ / また	夜叉
15	撒		サツ / サン / まく	撒水
13	蒜		サン / ひる	野蒜
3	巳		シ / み	上巳 / 辛巳
10	砥		シ / と / といし	砥礪
11	笥		シ / ス / け / はこ	簞笥
12	覗		シ / うかがう / のぞく	覗色
16	鴫		しぎ	鴫焼き
12	蛭		シツ / テツ / ひる	蛭子
13	竪	豎	ジュ / たつ / たて	竪子
10	秤	秤	ショウ / ビン / はかり	秤量 / 天秤
11	菖		ショウ	菖蒲
15	廠	廠	ショウ	廠舎 / 工廠
16	樵		ショウ / きこり / こる	樵歌
18	穣	穰	ジョウ / みのる	豊穣 / 瑞穣
11	埴		ショク / はに	埴輪 / 埴生
7	辰		シン / たつ	佳辰
10	訊		シン / ジン / たずねる / とう	訊責 / 審訊

画数	漢字	許容字体	読み	用例
12	椙		すぎ	—
12	貰		セイ もらう	貰赦
13	鉦		ショウ セイ かね	鉦鼓
22	鱈	鱈	セツ たら	矢鱈
15	賤	賎	セン ゼン あやしい いやしい しず	微賤 貧賤
10	蚤		ソウ のみ	蚤起
13	詫		タ わびる	詫び状
11	蛋		タン	蛋白
10	砧		チン きぬた	砧声
11	梯		タイ テイ はしご	梯子 階梯
18	鵜		テイ う	鵜呑み
9	姪		テツ めい	甥姪
7	佃		テン デン つくだ	佃煮
8	沓		トウ くつ	沓石 積沓
11	淘		トウ よなげる	淘汰
9	栂		つが とが	—
16	噺		はなし	御伽噺
15	誹		ヒ そしる	誹議
17	錨	錨	ビョウ いかり	投錨 抜錨
19	瀕	瀕	ヒン	瀕死
7	扮		ハン フン	扮装
15	鴇		ホウ とき のがん	鴇色
5	卯	夘	ボウ う	卯酉
2	卜		ホク ボク うらなう	亀卜 卜占
8	孟		ボウ マン モウ はじめ	孟夏
12	椛	椛	もみじ	—
22	鑓	鑓	やり	—
13	愈	愈	ユ いよいよ	—
11	萊	莱	ライ	蓬莱
19	蘭	蘭	ラン あららぎ	芝蘭
7	李		リ すもも	行李
10	狸	狸	リ たぬき	狐狸
15	諒		リョウ まこと	諒恕
24	麟	麟	リン	麒麟
16	憐	憐	レン あわれむ	憐察 哀憐
21	蠟	蝋	ロウ	蠟燭
15	鞍		アン くら	鞍馬
14	飴	飴	イ あめ	飴細工
4	云		ウン いう	云為
6	亦		エキ また	—
11	凰		オウ コウ おおとり	鳳凰
28	鸚		イン オウ	鸚鵡

画数	漢字	字体	読み	用例
8	茄		カ なす なすび	茄子
9	迦	迦	カ	釈迦
19	蟹	蠏	カイ かに	蟹行
20	鰐		ガク わに	鰐口
9	姦		カン かしましい みだら	大姦
9	柑		カン みかん	柑橘 蜜柑
20	巌	巖	ガン いわ いわお けわしい	巌頭
8	祁	祁	キ	祁寒
12	稀		キ ケ まれ	稀有
19	麒		キ	麒麟
19	蟻		ギ あり	蟻地獄
6	吃		キツ どもる	吃驚 吃緊
7	迄	迄	キツ およぶ まで	—
7	汲	汲	キュウ くむ	汲汲
12	渠	渠	キョ みぞ	渠魁 溝渠
16	鋸		キョ のこ のこぎり	鋸屑
16	禦		ギョ ふせぐ	制禦
9	俠	侠	キョウ きゃん	義俠
15	蕎		キョウ	蕎麦
16	檎		キン ゴ	林檎
10	俱	倶	ク グ ともに	俱楽部
13	罫		ケイ	罫紙
12	戟		ケキ ゲキ ほこ	剣戟 矛戟
9	頁		ケツ ヨウ かしら ページ	頁岩
12	硯		ケン ゲン すずり	硯箱
24	鹼	鹸	ケン	石鹼
5	乎		コ か かな や	醇乎
11	袴		コ はかま	袴着
13	瑚		コ ゴ	珊瑚礁 珊瑚
16	醐		コ ゴ	醍醐味
6	亘		コウ セン わたる	—
17	藁		コウ わら	草藁
23	攪	撹	カク コウ まぜる みだす	攪乱
17	壕		ゴウ ほり	壕舎
6	艮		コン ゴン うしとら	—
12	犀		サイ セイ	犀利
11	笹		ささ	笹藪 笹身
9	珊	珊	サン	珊瑚礁 珊瑚
23	鷲		シュウ ジュ わし	鷲摑み
17	駿		シュン スン	駿馬

11	8	12	15	12	14	18	14	17	17
雫	陀	詑	噂	疏	蝕	醬	摺	曙	薯
			噂	疏	蝕	醤	摺	曙	薯
ダ しずく	タ ダ	タ あざむく	ソン うわさ	ショ ソ うとい うとむ とおす とおる	ショク むしばむ	ショウ ひしお	ショウ する ひだ	ショ あけぼの	ショ ジョ いも
—	頭陀	—	噂話	弁疏 疏水	日蝕	醬油	摺衣	曙光	自然薯 馬鈴薯

11	19	15	8	15	8	5	11	16	14	8
兜	鏑	鄭	帖	樗	苧	凧	琢	醍	腿	苔
		鄭					琢		腿	
ト トウ かぶと	テキ かぶらや	ジョウ テイ	ジョウ チョウ	チョ おうち	チョ お からむし	たこ	タク みがく	ダイ テイ	タイ もも	タイ こけ
兜巾	流鏑馬	鄭声 鄭重	半帖	樗材	苧麻 苧殻	凧糸	彫琢	醍醐味	大腿	海苔

6	8	15	12	8	8	17	7	13	12
牝	枇	蕃	硲	狛	杷	膿	沌	塘	董
								塘	
ヒン め めす	ヒ ビ	ハン バン しげる	はざま	ハク こま	ハ さらい	ドウ ノウ うむ うみ	トン	トウ つつみ	トウ ただす
牝牡	枇杷	蕃殖 蕃境	—	狛犬	枇杷	化膿	混沌	池塘	骨董 董狐

17	14	13	14	10	13	19	9	8	7
聯	漣	稜	綾	栗	楊	鵡	俣	朋	呆
聨	漣								
レン つらなる つらねる	レン さざなみ	リョウ ロウ かど	リョウ リン あや	リツ くり	ヨウ やなぎ	ブ ム	また	ホウ とも	ホウ ボウ あきれる おろか
聯亙 蟬聯	漣然	稜線	綾子	栗鹿子	楊枝	鸚鵡	—	朋輩	呆気

19	6	12	14	11	14	14	16	18	21
櫓	肋	隈	窪	寅	蔭	蔚	燕	襖	鶯
								襖	鴬
ロ やぐら	ロク あばら	ワイ くま すみ	ア ワ くぼ くぼむ	イン とら	イン かげ	イ ウツ	エン つばめ	オウ あお ふすま	オウ うぐいす
櫓声	鶏肋 肋骨	界隈 隈取	窪地	庚寅 戊寅	蔭位	蔚蔚 蔚然	燕脂 燕雀	襖絵	鶯餅

13	8	12	15	17	19	10	7	12	5	6
嘩	函	葵	嬉	磯	麴	桔	灸	韮	叶	旭
嘩	凾				麹			韭		
カ かまびすしい	カン はこ	キ あおい	キ うれしい たのしむ	キ いそ	キク こうじ	キツ ケツ	キュウ やいと	キュウ にら	キョウ かなう	キョク あさひ
喧嘩	投函	葵祭	嬉嬉	磯辺	麴菌	桔梗	灸師	—	—	旭光

9	9	16	12	12	11	11	12	13	17	15
衿	荊	頸	絢	菰	梧	皐	腔	鉤	濠	嚙
	荆	頚		菰		皋	腔	鈎		噛
キン えり	ケイ いばら	ケイ くび	ケン あや	コ こも まこも	ゴ あおぎり	コウ	クウ コウ	ク コウ かぎ	ゴウ ほり	ゴウ かむ かじる
衿帯	荊妻	頸椎	絢飾	真菰	碧梧	九皐	満腔	鉤鼻	空濠	—

13	17	5	11	13	6	6	8	10	14	
榊	薩	只	偲	蒐	汝	丞	昌	哨	裳	
榊	薩							哨		
さかき	サツ	シ ただ	シ しのぶ	シュウ あつめる かり	ジョ なんじ	ショウ ジョウ たすける	ショウ さかん	ショウ みはり	ショウ も もすそ	
—	薩摩芋	只管	偲偲	蒐集 蒐荷	爾汝	丞相	隆昌	哨戒	裳裾	

16	錆	錆	ショウ、セイ、さびる、さび	錆色
9	茸		ジョウ、きのこ、たけ	椎茸、鹿茸
10	疹		シン	湿疹
9	荏		ジン、ニン、え	荏苒
13	稔		ジン、ニン、ネン、みのる	豊稔
9	茜		セン、あかね	茜色
8	苒	苒	ゼン	荏苒
5	匝	帀	ソウ、めぐる	周匝
12	湊		ソウ、あつまる、みなと	湊泊
14	漕		ソウ、こぐ	漕運
13	楕	橢	ダ	楕円
13	椴		タン、ダン、とど	椴松
14	蜘		チ	蜘蛛
12	蛛		シュ、チュ、チュウ	蜘蛛
18	瀦	瀦潴	チョ	瀦滞、瀦水
6	吊		チョウ、つる、つるす	懸吊
13	牒		ジョウ、チョウ、ふだ	牒状、通牒
14	蔦		チョウ、つた	蔦葛
15	蝶		チョウ	蝶番
10	釘		チョウ、テイ、くぎ	金釘
8	宕		トウ	豪宕
11	桶		トウ、おけ	鉄桶
15	樋	樋	トウ、とい、ひ	雨樋
10	桐		トウ、ドウ、きり	桐油
15	撚		デン、ネン、ひねる、よる	紙撚
11	粕		ハク、かす	糟粕
14	箔		ハク	金箔
15	磐		ハン、バン、いわ	磐石
10	匪		ヒ、あらず	匪賊
11	彬		ヒン	彬彬
8	斧		フ、おの	斧正、斧斤
17	糞		フン、くそ	胸糞、鶏糞
15	篇	篇	ヘン	篇目
10	娩	娩	ベン、うむ	分娩
10	圃		ホ、はたけ	花圃
5	戊		ボ、ボウ、つちのえ	戊夜、戊寅
8	庖	庖	ホウ、くりや	庖厨
11	逢	逢	ホウ、あう	逢着
14	鉾		ボウ、ム、ほこ	蒲鉾
9	柾		まさ、まさき	柾目
15	緬		ベン、メン	縮緬

画数	漢字	異体字	読み	用例
7	酉		ユウ とり	辛酉 卯酉
9	柚		ユ ユウ ゆず	柚湯
12	遥	遙	ヨウ はるか	遥遥
18	鯉		リ こい	鯉濃
11	菱		リョウ ひし	菱花 菱形
11	淋		リン さびしい	淋病
20	礪	砺礪	レイ あらと みがく	砥礪
16	蕗		ロ ふき	—
22	篭	籠	ル ロウ かご こめる こもる	篭城
12	禄	祿	ロク さいわい	余禄
10	倭		イ ワ やまと	倭訓 倭語
11	庵		アン いおり	草庵
13	葦	葦	イ あし よし	葦笛
8	苑		エン オン その	苑地
12	焔	焰	エン ほのお	余焔
8	於		オ おいて おける	—
16	鴨		オウ かも	鴨居
14	樺	樺	カ かば	白樺
10	峨	峩	ガ けわしい	嵯峨
6	亥		ガイ い	亥月
10	莞		カン い	莞爾
11	菅		カン すが すげ	菅薦 菅笠
8	其		キ その それ	—
14	箕		キ み	—
15	嘘	噓	キョ うそ ふく	嘘言
6	兇		キョウ わるい	兇刃
8	尭	堯	ギョウ たかい	尭尭
7	芹		キン せり	献芹
12	喰	喰	くう くらう	—
11	畦		ケイ あぜ うね	畦道
19	鮭		カイ ケイ さけ	—
9	彦	彥	ゲン ひこ	俊彦 諸彦
7	亨		キョウ コウ ホウ とおる	亨通
10	倖		コウ さいわい	薄倖
11	袷		コウ あわせ	—
11	鈕		コウ ぼたん	—
13	幌		コウ ほろ	幌馬車
14	閤		コウ くぐりど	繡閤
17	鮫		コウ さめ	鮫肌
13	嵯	嵳	サ	嵯峨
14	瑳		サ みがく	切瑳
10	晒	曬	サイ さらす	店晒

22	讃	讃	サン たたえる ほめる	讃美
15	髭		シ ひげ	髭根
15	諏		シュ ス	諮諏
14	綬		ジュ ひも	藍綬
9	柊		シュウ ひいらぎ	—
9	酋	酋	シュウ おさ	酋領
10	隼		シュン ジュン はやぶさ	隼人
11	淳		ジュン あつい	淳風
11	惇		ジュン トン あつい まこと	惇朴
13	楯		ジュン たて	矛楯
15	鋤		ショ ジョ すく すき	鋤鍬
8	妾		ショウ めかけ わらわ	臣妾
13	蛸	蛸	ショウ たこ	蛸壺
17	鍬		シュウ ショウ くわ すき	鋤鍬
10	栖		サイ セイ すむ すみか	幽栖
19	瀞	瀞	ジョウ セイ とろ	—
19	鯖	鯖	ショウ セイ さば	鯖雲
8	苫		セン とま	苫屋
12	惣		ソウ	惣領
14	槍		ソウ やり	槍玉
15	噌	噌	ソ ソウ	味噌
21	竈	竈	ソウ かまど へっつい	竈神
11	舵		タ ダ かじ	操舵
10	迺	迺	ダイ ナイ すなわち の	迺公
12	智		チ	智慧
12	註	註	チュウ	註釈
14	銚		チョウ ヨウ	銚子
19	鯛		チョウ たい	真鯛
10	悌		ダイ テイ	孝悌
17	鍍		ト めっき	鍍金
18	檮	梼	トウ	檮昧
11	萄		トウ ドウ	葡萄
4	巴		ハ ともえ	巴里
12	琶		ハ	琵琶
9	盃	杯	ハイ さかずき	祝盃
9	柏		ハク ビャク かしわ	柏餅
10	畠		はた はたけ	畠物
15	潑	溌	ハツ	潑墨
12	筏		ハツ バツ いかだ	舟筏

9	姥		ボ モ うば	姥桜
12	葡		ブ ホ	葡萄
7	芙		フ	芙蓉
12	斌		ヒン	斌斌
12	琵		ビ	琵琶
11	梶		ビ かじ	梶棒
14	緋		ヒ あか	緋鯉
12	斐		ヒ あや	甲斐性
15	幡		ハン ホン マン はた	幡然
9	叛	叛	ハン ホン そむく	叛意

12	椋		リョウ むく	椋鳥
15	劉		リュウ	劉覧
12	裡	裏	リ うち うら	泥裡
9	洛		ラク	洛外
13	蓉		ヨウ	芙蓉
13	猷	猷	ユウ はかる	嘉猷
13	楢	楢	シュウ ユウ なら	—
11	埜	野	ヤ ショ の	緑埜
9	耶		ヤ か	耶蘇
6	牟		ボウ ム	牟食
14	鞄	鞄	ホウ かばん	—

9	姶		オウ みめよい	—
16	薗	園	エン オン その	—
12	瑛		エイ	玉瑛
17	鮪		イ ユウ しび まぐろ	—
6	伊		イ かれ これ	伊輩
9	娃		ア アイ うつくしい	宮娃
12	椀		ワン	汁椀
8	或		ワク ある あるいは	或問
17	嶺		リョウ レイ みね	分水嶺
11	婁		ル ロウ	婁絡

10	桓		カン	桓表
4	苅	刈	カイ ガイ かる	苅葱
13	塙		カク コウ かたい はなわ	—
17	檜	桧	カイ ひ ひのき	檜舞台
12	堺		カイ さかい	—
13	蛾		ガ ギ	蛾眉
15	蝦		カ ガ えび	蝦夷
14	榎		カ えのき	榎草
9	珂		カ	鳴珂
22	鷗	鴎	オウ かもめ	鷗盟

画数	漢字	異体字	読み	用例
15	澗	澗	カン ケン たに	澗水
16	舘	館館	カン たち たて やかた	—
20	灌	潅灌	カン そそぐ	灌木
15	槻		キ つき	—
7	玖		キュウ ク	—
14	僑		キョウ	華僑
17	橿		キョウ かし	—
9	粁		きろめーとる	—
15	駈	驅駆	ク かける かる	—
9	粂		くめ	—
6	圭		ケイ たま	圭角
10	桂		ケイ かつら	月桂
10	珪		ケイ たま	珪石
22	鰹		ケン かつお	鰹節
11	絃		ゲン いと つる	—
13	鈷		コ	—
7	吾		ゴ わが われ	吾子
7	宏		コウ ひろい	宏遠
8	佼		コウ うつくしい	佼人
8	杭		コウ くい	—
10	晃	晄	コウ あきらか	—
10	紘		コウ おおづな	八紘
12	蛤		コウ はまぐり	—
20	礦	鑛鉱	コウ あらがね	—
10	紗		サ シャ うすぎぬ	更紗
5	仔		シ こ	仔細
11	痔		ジ	痔核
9	柘		シャ やまぐわ	—
17	嬬		ジュ つま	—
9	洲		シュウ しま す	砂洲
16	穐	龝秋	シュウ あき とき	—
12	萩		シュウ はぎ	—
20	鰍		シュウ かじか	—
4	廿		ジュウ にじゅう	—
4	什		ジュウ	什器
13	舜	舜	シュン	—
19	藷	藷	ショ いも	甘藷
6	庄		ショウ ソウ	庄屋
11	娼		ショウ あそびめ	娼家
12	湘		ショウ	—
14	蔣	蒋	ショウ まこも	—
15	樟		ショウ くす くすのき	樟脳
15	蕉		ショウ	芭蕉

16	橡		ショウ ゾウ くぬぎ つるばみ とち	—
10	晋	晉	シン すすむ	晋山
10	秦		シン はた	—
14	榛		シン はしばみ	—
14	槙	槇	シン テン まき	—
4	壬		ジン ニン みずのえ	壬申
13	靖	靖	セイ やすい やすんじる	靖国
6	汐		セキ しお	潮汐
18	蹟		シャク セキ あと	史蹟
6	舛		セン	—
11	釧		セン くしろ	腕釧
15	糎		せんちめーとる	—
8	姐		シャ ソ あね あねご	姐御
7	宋		ソウ	宋学
18	鎗		ショウ ソウ やり	鎗金
18	藪	薮	ソウ やぶ	—
22	鰺	鯵	ソウ あじ	—
23	鱒	鱒	ソン ゾン ます	—
16	樽	樽	ソン たる	樽酒
9	柁		タ ダ かじ	柁手
8	岱		タイ	—
13	碓		タイ うす	—
22	韃		タツ ダツ むちうつ	韃靼
22	驒	騨	タ ダ タン	—
12	筑	筑	チク	—
4	丑		チュウ うし	丑寅
11	紬		チュウ つむぎ	絹紬
18	鎚	鎚	タイ ツイ つち	鉄鎚
6	辻	辻	つじ	辻説法
13	禎	禎	テイ さいわい	—
13	碇		テイ いかり	—
9	禰	祢	デイ ナイ ネ	禰宜
13	畷		テツ なわて	—
11	淀		テン デン よど よどむ	淀舟
16	鮎		デン ネン あゆ	—
11	菟	菟菟	ト	—
6	吋		スン トウ いんち	—
14	嶋	島	トウ しま	—
8	竺		ジク トク	天竺
16	噸		とん	—
13	楠		ナン くすのき	—

画数	漢字	許容字体	読み	用例
7	宍		ジク、ニク、しし	—
19	簸		ハ、ひる	—
7	芭		ハ、バ	芭蕉
7	吠		ハイ、バイ、ほえる	—
13	楳	梅梅	バイ、うめ	—
19	醱	醗	ハツ、かもす	醱酵
9	毘	毗	ヒ、ビ	—
5	疋		ショ、ソ、ヒツ、ひき	—
11	彪		ヒュウ、ヒョウ	—
15	鋲		ビョウ	画鋲
13	楓		フウ、かえで	—
5	弗		フツ、ずどる	弗箱
7	甫		フ、ホ	—
15	鋪	舗舖	フ、ホ、しく、みせ	—
10	峯	峰	フ、ホウ、みね	霊峯
18	麿	麿	まろ	—
22	鰻		バン、マン、うなぎ	—
10	粍		みりめーとる	—
12	棉		メン、わた	棉花
4	匁		もんめ、め	—
14	摸	摸	バク、ボ、モ、さぐる	摸造
7	杢		もく	—
3	也		ヤ、なり	—
9	祐	祐	ユウ、たすける	祐助
12	涌	湧	ユウ、ヨウ、わく	涌出
13	傭		ヨウ、やとう	傭兵
14	熔	鎔	ヨウ、いがた、とかす、とける	熔解
15	慾		ヨク、ほっする	—
10	浬		リ、かいり	—
10	哩		リ、まいる	—
11	琉	琉	リュウ、ル	琉璃
9	亮		リョウ、あきらか、すけ	亮然
12	琳		リン	—
17	燐	燐	リン	黄燐
7	伶		レイ	伶人
8	怜		レイ、さとい	—
8	苓		リョウ、レイ、みみなぐさ	—
9	玲		レイ	—
20	蠣	蛎蠣	レイ、かき	—
10	碗	盌	ワン	—

準1級 熟語と一字訓の読み 頻出262問

熟語	一字訓	読み
畢生	畢わる	ひっせい…おわる
編纂	纂める	へんさん…あつめる
優渥	渥い	ゆうあく…あつい
輿望	輿い	よぼう…おおい
盈虚	盈ちる	えいきょ…みちる
嬰鱗	嬰れる	えいりん…ふれる
礪行	礪く	れいこう…みがく
岨峻	岨つ	そしゅん しょしゅん…そばだつ
曝書	曝す	ばくしょ…さらす
肇造	肇める	ちょうぞう…はじめる
匡弼	匡す	きょうひつ…ただす
肇国	肇める	ちょうこく…はじめる
歎賞	歎える	たんしょう…たたえる
破綻	綻びる	はたん…ほころびる
劃然	劃る	かくぜん…くぎる
啓蒙	蒙い	けいもう…くらい
棲息	棲む	せいそく…すむ
掩蓋	掩う	えんがい…おおう
夷坦	夷らか	いたん…たいらか
宥恕	宥す	ゆうじょ…ゆるす

轟音…轟く	ごうおん…とどろく
葺屋…葺く	しゅうおく…ふく
翫笑…翫る	がんしょう…あなどる
阻碍…碍げる	そがい…さまたげる
哀咽…咽ぶ	あいえつ…むせぶ
弘毅…毅い	こうき…つよい
一瞥…瞥る	いちべつ…みる
頓挫…頓く	とんざ…つまずく
弼匡…弼ける	ひっきょう…たすける
綻裂…綻ぶ	たんれつ…ほころぶ
永訣…訣れる	えいけつ…わかれる

訊責…訊う	じんせき…とう
編輯…輯める	へんしゅう…あつめる
遁辞…遁れる	とんじ…のがれる
窺管…窺く	きかん…のぞく
晦冥…晦い	かいめい…くらい
趨向…趨く	すうこう…おもむく
厭悪…悪む	えんお…にくむ
耽溺…耽る	たんでき…ふける
允可…允す	いんか…ゆるす
臆度…臆る	おくたく…おしはかる
烹煎…烹る	ほうせん…にる

凋残…凋む	ちょうざん…しぼむ
鍾美…鍾める	しょうび…あつめる
堰塞…堰く	えんそく…せく
闇莫…闇い	あんばく…くらい
恢郭…恢い	かいかく…ひろい
敏捷…捷い	びんしょう…はやい
砥礪…礪く	しれい…みがく
蕪蔓…蔓る	ぶまん…はびこる
冒瀆…瀆す	ぼうとく…けがす
瑞穣…穣る	ずいじょう…みのる
諫輔…諫める	かんほ…いさめる

呪罵…呪う	じゅば…のろう
愛撫…撫でる	あいぶ…なでる
禽獲…禽える	きんかく…とらえる
鳩首…鳩める	きゅうしゅ…あつめる
賭博…賭ける	とばく…かける
詮索…詮べる	せんさく…しらべる
茶托…托く	ちゃたく…おく
起臥…臥す	きが…ふす
貰赦…貰す	せいしゃ…ゆるす
点綴…綴る	てんてい てんてつ…つづる
註釈…註す	ちゅうしゃく…ときあかす

熟語…一字訓	読み
董督…董す	とうとく…ただす
聡恵…聡い	そうけい…さとい かしこい
輯睦…輯らぐ	しゅうぼく…やわらぐ
鎔鋳…鎔かす	ようちゅう ようしゅ…とかす
秀穎…穎れる	しゅうえい…すぐれる
溯及…溯る	そきゅう…さかのぼる
玩読…玩わう	がんどく…あじわう
諮諏…諏る	ししゅ…はかる
邇言…邇い	じげん…ちかい
蕩揺…蕩く	とうよう…うごく
按問…按べる	あんもん…しらべる

熟語…一字訓	読み
左輔…輔ける	さほ…たすける
偏頗…頗る	へんぱ…かたよる
蟬聯…聯なる	せんれん…つらなる
激昂…昂る	げきこう げっこう…たかぶる
羨望…羨む	せんぼう…うらやむ
押捺…捺す	おうなつ…おす
丞相…丞ける	じょうしょう しょうじょう…たすける
捧腹…捧える	ほうふく…かかえる
淵玄…淵い	えんげん…おくぶかい ふかい
八卦…卦う	はっけ はっか…うらなう
辞訣…訣れる	じけつ…わかれる

険岨…岨つ	けんそ…そばだつ
祁寒…祁いに	きかん…おおいに
抜擢…擢く	ばってき ばったく…ぬく
魁傑…魁きい	かいけつ…おおきい
氾濫…氾れる	はんらん…あふれる
趨走…趨い	すうそう…はやい
粛穆…穆らぐ	しゅくぼく…やわらぐ
侮蔑…蔑ろ	ぶべつ…ないがしろ
翻弄…弄ぶ	ほんろう…もてあそぶ
狭窄…窄まる	きょうさく…せばまる
纏絡…纏わる	てんらく…まつわる

墨煤…煤ける	ぼくばい…すすける
禿筆…禿びる	とくひつ…ちびる
遺馨…馨り	いけい…かおり
溯行…溯る	そこう…さかのぼる
咳気…咳く	がいき がいけ…せく しわぶく
狙候…狙う	そこう…ねらう
弥漫…弥く	びまん…あまねく
鞠問…鞠べる	きくもん…とりしらべる しらべる
掠奪…掠める	りゃくだつ…かすめる
艶聞…艶かしい	えんぶん…なまめかしい
窺見…窺く	きけん…のぞく

擾化…擾らす	じょうか…ならす
鬱勃…勃こる	うつぼつ…おこる
惹起…惹く	じゃっき…ひく まねく
惇朴…惇い	じゅんぼく とんぼく…あつい
夙起…夙に	しゅくき…つとに
偓促…偓わる	あくせく、あくさく、あくそく…かかわる
稗官…稗かい	はいかん…こまかい
按罪…按べる	あんざい…しらべる
遼遠…遼か	りょうえん…はるか
不屑…屑い	ふせつ…いさぎよい
汎論…汎い	はんろん…ひろい

冶態…冶かしい	やたい…なまめかしい
戚容…戚える	せきよう…うれえる
進捗…捗る	しんちょく…はかどる
牟食…牟る	ぼうしょく…むさぼる
趨勢…趨く	すうせい…おもむく
跨年…跨ぐ	こねん…またぐ
敦信…敦い	とんしん…あつい
恢偉…恢きい	かいい…おおきい
慰撫…撫でる	いぶ…なでる
瀦水…瀦まる	ちょすい…たまる
牢守…牢い	ろうしゅ…かたい

椎破…椎つ	ついは…うつ
杜口…杜ぐ	とこう…ふさぐ
暢叙…暢べる	ちょうじょ…のべる
積沓…沓なる	せきとう…かさなる
頗僻…頗る	はへき…かたよる
嘗薬…嘗める	しょうやく…なめる
稽停…稽る	けいてい…とどこおる
亨通…亨る	こうつう…とおる
厭世…厭う	えんせい…いとう
婁絡…婁ぐ	ろうらく るらく…つなぐ
尤物…尤れる	ゆうぶつ…すぐれる

繍閤…繍しい	しゅうこう…うつくしい
昏倒…昏む	こんとう…くらむ
晦渋…晦い	かいじゅう…くらい
掬飲…掬う	きくいん…すくう
寓意…寓ける	ぐうい…かこつける
顛落…顛る	てんらく…くつがえる
欣快…欣ぶ	きんかい…よろこぶ
汎愛…汎い	はんあい…ひろい
区劃…劃る	くかく…くぎる
梗概…梗ね	こうがい…おおむね
仰臥…臥す	ぎょうが…ふす

瑞雲…瑞い	ずいうん…めでたい
雑駁…駁じる	ざっぱく…まじる
挽車…挽く	ばんしゃ…ひく
蓋世…蓋う	がいせい…おおう
逡巡…逡みする	しゅんじゅん…しりごみする
托生…托む	たくしょう…たのむ
莫春…莫れる	ぼしゅん…くれる
蚤起…蚤い	そうき…はやい
蕪辞…蕪れる	ぶじ…みだれる あれる
蔽護…蔽う	へいご…おおう
怯弱…怯える	きょうじゃく…おびえる

幡然…幡る	ほんぜん はんぜん…ひるがえる
魁偉…魁きい	かいい…おおきい
叡哲…叡い	えいてつ…かしこい さとい
牽制…牽く	けんせい…ひく
畏敬…畏まる	いけい…かしこまる
攪乱…攪す	こうらん かくらん…みだす
湛然…湛える	たんぜん…たたえる
臆説…臆る	おくせつ…おしはかる
弥縫…弥う	びほう びぼう…つくろう
徽言…徽い	きげん…よい
天佑…佑け	てんゆう…たすけ

渥彩…渥う	あくさい…うるおう
膏田…膏える	こうでん…こえる
靭性…靭やか	じんせい…しなやか
蕪雑…蕪れる	ぶさつ…あれる みだれる
溢水…溢れる	いっすい…こぼれる あふれる
頑魯…魯か	がんろ…おろか
哀戚…戚む	あいせき…いたむ
蒙昧…昧い	もうまい…くらい
繋泊…繋ぐ	けいはく…つなぐ
豊穣…穣る	ほうじょう…みのる
挫折…挫ける	ざせつ…くじける
捧呈…捧げる	ほうてい…ささげる
輔佐…輔ける	ほさ…たすける
遡行…遡る	そこう…さかのぼる
切磋…磋く	せっさ…みがく
冶金…冶る	やきん…いる
凋落…凋む	ちょうらく…しぼむ
敦厚…敦い	とんこう…あつい
馴致…馴らす	じゅんち…ならす
拭浄…拭う	しょくじょう…ぬぐう
纂述…纂める	さんじゅつ…あつめる
烹炊…烹る	ほうすい…にる

凱風…凱らぐ	がいふう…やわらぐ
腫脹…腫れる	しゅちょう…はれる
暢茂…暢びる	ちょうも…のびる
聯亙…亙る	れんこう…わたる
酔臥…臥す	すいが…ふす
繋駕…繋ぐ	けいが…つなぐ
降魔…降す	ごうま…くだす
鍾寵…鍾める	しょうちょう…あつめる
疏水…疏る	そすい…とおる
詣拝…詣でる	けいはい…もうでる
僻見…僻る	へきけん…かたよる
磨礪…礪く	まれい…みがく
萌芽…萌む	ほうが…めぐむ
遁走…遁れる	とんそう…のがれる
醇朴…醇い	じゅんぼく…あつい
諫止…諫める	かんし…いさめる
瀆職…瀆す	とくしょく…けがす
決潰…潰える	けっかい…ついえる
謬説…謬る	びゅうせつ…あやまる
幽昧…昧い	ゆうまい…くらい
嘉瑞…嘉い	かずい…よい
捺印…捺す	なついん…おす

蔑如…蔑む　べつじょ…さげすむ

膏沃…膏える　こうよく…こえる

遡航…遡る　そこう…さかのぼる

歎傷…歎く　たんしょう…なげく

悉皆…悉く　しっかい…ことごとく

捷報…捷つ　しょうほう…かつ

劃定…劃る　かくてい…くぎる

奉戴…戴く　ほうたい…いただく

蒐荷…蒐める　しゅうか…あつめる

苦諫…諫める　くかん…いさめる

蕃殖…蕃る　はんしょく…しげる

錯謬…謬る　さくびゅう…あやまる

匡済…済う　きょうさい…すくう

敦朴…敦い　とんぼく…あつい

輔弼…弼ける　ほひつ…たすける

果毅…毅い　かき…つよい

瀆聖…瀆す　とくせい…けがす

艶冶…艶かしい　えんや…なまめかしい

擢用…擢く　てきよう たくよう…ぬく

倒潰…潰れる　とうかい…つぶれる

彫琢…琢く　ちょうたく…みがく

晦蔵…晦ます　かいぞう…くらます

萌生…萌す	ほうせい ぼうせい…きざす
周匝…匝る	しゅうそう…めぐる
遡上…遡る	そじょう…さかのぼる
諫死…諫める	かんし…いさめる
侃侃…侃い	かんかん…つよい
掩護…掩う	えんご…おおう かばう
汎称…汎い	はんしょう…ひろい
纏着…纏う	てんちゃく…まとう
夙成…夙い	しゅくせい…はやい
綿亙…亙る	めんこう…わたる
嘉尚…嘉する	かしょう…よみする
檮昧…昧い	とうまい…くらい
些細…些し	ささい…すこし
宥恕…恕す	ゆうじょ…ゆるす
凄絶…凄まじい	せいぜつ…すさまじい
脆弱…脆い	ぜいじゃく…もろい
蒼白…蒼い	そうはく…あおい
撞着…撞く	どうちゃく…つく
罵倒…罵る	ばとう…ののしる
庇護…庇う	ひご…かばう
面妖…妖しい	めんよう…あやしい
凌駕…凌ぐ	りょうが…しのぐ

◀画数
◀漢字
◀異体字など
詳細は日本漢字能力検定協会の資料を参照のこと。
◀読み
カタカナは音、ひらがなは訓読みを示す。
◀用語例

画数	漢字	異体字など	読み	用語例
11	毫		ゴウ	揮毫、毫氂
19	爛		ラン、ただれる	糜爛
11	焉		エン、いずくんぞ	終焉、溘焉
12	棘		キョク、いばら、おどろ、とげ	荊棘、枳棘
16	霓		ゲイ、にじ	虹霓
11	扈	扈	コ	跋扈、扈従
16	嘯		ショウ、うそぶく	—
12	跋		ハツ、バツ、ふむ	跋語、跋扈

画数	漢字	異体字など	読み	用語例
10	殷		アン、イン、さかん	殷賑
11	訝	訝	ガ、ゲン、いぶかしい、いぶかる	怪訝
26	驥		キ	驥尾
13	嗟		サ、ああ、なげく	咄嗟、怨嗟
13	肆		シ、ほしいまま、みせ	書肆、肆廛
10	豈		ガイ、キ、あに	豈弟
8	刮		カツ、けずる、こする、こそげる	刮目、根刮
9	勁		ケイ、つよい	遒勁、勁草

画数	漢字	異体字など	読み	用語例
8	苟		コウ、いやしくも	苟安
21	癪		シャク	癇癪
9	恤	卹	シュツ、ジュツ、あわれむ、うれえる、めぐむ	賑恤、恤兵
17	雖		スイ、いえども	—
15	撓		トウ、ドウ、いためる、しおり、しなう、しわる、ためる、たわむ、たわめる	不撓
19	靡		ヒ、ビ、ミ、なびく	淫靡

画数	漢字	異体字など	読み	用語例
12	渺		ビョウ	縹渺、杳渺
16	諛	諛	ユ、へつらう	諂諛、諛言
11	聊		リョウ、いささか	無聊
7	吝		リン、おしむ、しわい、やぶさか	吝嗇、鄙吝
9	陋	陋	ロウ、いやしい、せまい	陋居、陋巷
13	矮		アイ、ワイ、ひくい	矮小
8	軋		アツ、きしむ、きしる	軋轢
14	裹		カ、たから、つつむ	裹頭、苞裹
17	膾		カイ、なます	膾炙

画数	漢字	異体	読み	用例
18	鎹		かすがい	—
16	盥		カン たらい	盥漱 盥沐
16	頷		カン ガン あご うなずく	頷下
12	窘		キン くるしむ たしなめる	窘迫
10	倪		ゲイ	端倪
11	衒		ゲン てらう	衒気
19	羹	羮	カン コウ あつもの	藜羹 菜羹
8	怺		こらえる	—
13	滓		サイ シ おり かす	残滓 穢滓

画数	漢字	異体	読み	用例
23	鑠		シャク とかす	矍鑠
10	浚		シュン さらう	浚渫
18	臍		サイ セイ へそ ほぞ	噬臍
17	褻		セツ け けがれる	猥褻
12	棗		ソウ なつめ	棗栗 剥棗
10	袒		タン はだぬぐ	左袒
15	憚		タン はばかる	忌憚
10	俯		フ うつぶす うつむく ふせる	俯瞰
7	沐		ボク モク あらう	盥沐

画数	漢字	異体	読み	用例
10	恙		ヨウ つつが	微恙
11	痒		ヨウ かゆい	掻痒
14	寥		リョウ さびしい	寂寥 廓寥
17	斂		レン おさめる	収斂 聚斂
19	鏤		ル ロウ ちりばめる	鏤刻
13	隘		アイ ヤク せまい	狭隘 隘路
13	遏		アツ とどめる	禁遏
10	恚		イ いかる	瞋恚 慙恚
23	鷸		イツ しぎ	鷸蚌
13	暈		ウン かさ くま ぼかす	眩暈

画数	漢字	異体	読み	用例
19	繹		エキ たずねる	演繹
11	偃		エン ふせる やめる	偃蹇 偃臥
9	俤		おもかげ	—
8	呵		カ しかる わらう	呵成 呵譴
17	罅		カ ひび	罅隙 罅割
8	乖		カイ そむく	乖離
17	闊	濶	カツ ひろい	迂闊 久闊
18	黠		カツ さかしい わるがしこい	奸黠 黠鼠
14	銜	啣	カン ガン くつわ くわえる ふくむ	馬銜
13	愧		キ はじる はじ	愧赧 慙愧

画数	漢字	異体字	読み	用例
17	虧		キ かく かける	虧盈 蔽虧
24	羈	覊	キ おもがい たづな つなぐ	羈絆 羈束
13	裘		キュウ かわごろも	貂裘
11	竟		キョウ ケイ おわる ついに	畢竟
11	梟		キョウ さらす ふくろう	梟雄 梟鸞
14	跼		キョク かがむ せぐくまる	跼躅 跼蹐
20	孼	孽	ゲツ ひこばえ	妖孼 遺孽
13	愆		ケン あやまち あやまる	愆戻 愆尤
23	蠱		コ	蠱惑 巫蠱
15	膠		コウ にかわ	鮸膠 膠着
11	斛		コク	万斛
15	鞐		こはぜ	—
9	洒		サイ シャ あらう すすぐ	瀟洒
12	啻		シ ただ	—
8	怩		ジ はじる	忸怩
7	忸		ジク ジュウ はじる	忸怩
9	昵		ジツ ちかづく	昵懇 親昵
8	炙		シャ セキ あぶる	膾炙
12	奢		シャ おごる	奢侈 驕奢
18	瀉		シャ そそぐ はく	吐瀉
17	牆		ショウ かき	牆壁
18	觴		ショウ さかずき	濫觴
13	嗇		ショク おしむ やぶさか	吝嗇 穡嗇
12	喞		ショク ソク かこつ	喞喞
15	瞋		シン いかる	瞋恚
18	邃	邃	スイ おくぶかい	幽邃
10	眥	眦	サイ シ セイ まなじり	睚眥
21	齎		サイ シ セイ もたらす	—
15	嬋		セン ゼン	嬋娟 嬋妍
16	擅		セン ほしいまま	擅権 独擅場
12	惻		ショク ソク いたむ	惻隠
7	杣		そま	杣人
22	襷		たすき	—
20	籌		チュウ かずとり はかりごと	籌策 籌筴
17	黜		チュツ しりぞける	黜陟
11	閊		つかえる	—
9	竕		でしりっとる	—
15	諂		テン へつらう	諂諛 邪諂
13	鳰		にお	—

9	7	24	10	9	11	8	13	17	10
臾	扼	軈	蚌	眄	貶	秉	剽	謐	悖
ユ	アク ヤク おさえる	やがて	ホウ ボウ はまぐり	ベン メン みる	ヘン おとす おとしめる けなす さげすむ	ヘイ とる	ヒョウ おびやかす	ヒツ ビツ しずか	ハイ ボツ もとる
須臾	扼腕	—	鷸蚌	顧眄 佇眄	褒貶	秉燭 秉彝	剽軽 剽窃	静謐	悖戻

15	15	11	10	8	10	12	22	27	18	17
頤	蝟	帷	韋 韋	怡	埃	猥	轢	躪 躙	釐	膺
イ あご おとがい	イ はりねずみ	イ とばり	イ なめしがわ	イ よろこぶ	アイ ほこり	ワイ みだら みだりに	レキ きしる ひく	リン にじる	リ おさめる	オウ ヨウ むね
頤使	蝟集	帷幄 帷子	韋駄天	怡楽 嬉怡	塵埃 埃氛	猥褻	軋轢 轢死	蹂躪	毫釐 釐正	服膺 膺懲

16	11	14	13	8	24	19	10	17	19
霍	偕	夥	瑕	枉	魘	簷	冤 冤 冤	翳	鵤
カク にわか	カイ ともに	カ おびただしい	カ きず	オウ まがる まげる	エン うなされる おそわれる	エン のき	エン	エイ かげ かげる かざす かすむ	いすか
霍乱	偕老	夥多	瑕疵	冤枉	魘夢	簷滴	冤罪 冤家	翳み目	—

12	16	13	22	17	17	16	16	18	17	20
翕	諱 諱	暉	龕	艱	瞰	撼	錺 錺	鯑	壑	矍
キュウ あつまる	キ いむ いみな	キ かがやく ひかり	カン ガン ずし	カン かたい なやむ	カン みる	カン うごかす	かざり	かずのこ	ガク たに	カク
翕然 翕合	忌諱 不諱	落暉 清暉	仏龕 龕灯	—	俯瞰	震撼	錺職	—	丘壑 岑壑	矍鑠

画数	漢字	読み	用例
15	踞	キョ / コ / うずくまる	箕踞
16	歔	キョ / すすりなく	欷歔
17	遽	キョ / あわただしい / にわか	急遽
16	憖	ギン / なまじ / なまじい	憖憖然
16	窶	ク / ロウ / やつす / やつれる	貧窶
14	綮（綮）	ケイ	肯綮
17	蹊	ケイ / こみち / みち	成蹊
18	謦	ケイ / しわぶき	謦咳
13	睨	ゲイ / にらむ	睥睨
18	鬩	ケキ / ゲキ / せめぐ	—
10	狷	ケン	狷介
8	呱（呱）	コ	呱呱
13	賈	カ / コ / あきなう	良賈
7	匣	コウ / はこ	宝匣 / 鑰匣
18	闔	コウ / とじる / とびら	闔国
20	鏗	コウ	鏗鏘 / 鏗然
7	吽	ウン / ゴウ	阿吽
6	凩	こがらし	—
17	轂	コク / こしき	一轂 / 輦轂
13	蓙	ござ	—
12	渾	コン / すべて / にごる	渾身
28	鑿	サク / うがつ / のみ	鑿井
3	尸	シ / かたしろ / しかばね	尸所
7	豕	シ / い / いのこ	封豕
9	茲	シ / ジ / ここ	来茲
11	徙	シ / うつす / うつる	移徙
12	揣	シ / はかる	揣知
15	幟	シ / のぼり	旗幟
16	熾	シ / おき / おこす / さかん	熾烈
16	躾	しつけ	—
16	蹂	ジュウ / ふむ	蹂躙
11	倏	シュク / たちまち	倏忽
21	蠢	シュン / うごめく	蠢動
12	絮	ショ / ジョ / わた	絮説
13	睫	ショウ / まつげ	目睫
17	聳	ショウ / そばだつ / そびえる / そびやかす	聳動
13	嫋	ジョウ / たおやか	嫋嫋
15	諚	ジョウ	勅諚
18	繞	ジョウ / ニョウ / めぐらす / めぐる	囲繞
21	饒	ジョウ / ニョウ / ゆたか	饒舌

画数	漢字	読み	用例
20	闡	セン ひらく	闡明
17	簓	セン ささら	—
11	剪	セン きる はさむ	剪定
11	梲	セツ タツ うだつ	—
18	贅	セイ ゼイ	贅沢 贅肬
16	噬	セイ ゼイ かむ	噬臍 噬犬
11	陬	シュ スウ すみ	僻陬 遐陬
10	祟	スイ たたり たたる	—
13	蜃	シン ジン	蜃気楼
13	斟	シン くむ	斟酌
15	稷	ショク きび	社稷

画数	漢字	読み	用例
13	稠	チュウ チョウ おおい	稠密
17	鵆	ちどり	—
12	赧	タン ダン あからめる	愧赧 赧然
17	燵	タツ	炬燵
19	蠆	タイ さそり	蜂蠆
17	擡 抬	タイ ダイ もたげる	擡頭
15	駘	タイ ダイ	駑駘
14	嗾	ソウ けしかける そそのかす	指嗾
7	抓	ソウ つむ つねる つまむ	—
9	俎 爼	ショ ソ まないた	俎上

画数	漢字	読み	用例
15	駑	ド ヌ	駑鈍 駑駘
8	忝	テン かたじけない	—
18	擲	チャク テキ なぐる なげうつ	打擲
11	逞 逞	テイ たくましい	不逞
16	縋	ツイ すがる	—
10	陟	チョク のぼる	黜陟 進陟
12	貂	チョウ てん	貂裘
19	疇 畴	チュウ うね たぐい	範疇 疇輩
13	誅	チュ チュウ うつ ころす せめる	天誅

画数	漢字	読み	用例
15	魄	ハク たましい	落魄 褫魄
7	沛	ハイ	沛然
7	佞 佞	デイ ネイ	佞利 諂佞
10	捏	デツ ネツ こねる つくねる	捏造
14	鞆	とも	—
8	迚	とても	—
19	犢	トク こうし	舐犢 孤犢
19	牘	トク ふだ	尺牘 案牘
19	韜 韜	トウ つつむ	韜晦
15	鬧 閙	トウ ドウ さわがしい	熱鬧 諠鬧

画数	漢字	読み	用例
19	攀	ハン よじる	登攀 躋攀
14	輓	バン ひく	輓近 推輓
18	蟠	ハン バン わだかまる	蟠屈
12	寐	ビ ねる	寐語
17	縹	ヒョウ はなだ	縹渺 縹色
7	巫	フ ブ かんなぎ みこ	巫覡 巫蠱
14	誣	フ ブ しいる	誣罔 讒誣
7	呎	ふぃーと	—
18	馥	フク かおる かんばしい	馥郁
11	梺	ふもと	—
13	聘	ヘイ めす	招聘
21	闢	ビャク ヘキ ひらく	開闢
25	鼈	ヘツ ベツ すっぽん	鼈甲
8	苞	ホウ つと	苞苴 苞裏
11	眸	ボウ ム ひとみ	明眸
25	鑰	ヤク かぎ	鎖鑰 鑰匣
4	夭	ヨウ わかい	夭逝 夭折
8	拗	オウ ヨウ こじれる すねる ねじける	執拗
15	磊	ライ	磊落
24	攬	ラン とる	収攬
15	戮	リク ころす	戮力
10	悋	リン ねたむ やぶさか	悋気
13	稟 禀	ヒン リン うける	稟質 天稟
16	廩	リン くら	倉廩
17	縷	ル ロウ	縷説 縷縷
19	羸	ルイ つかれる よわい	羸痩 病羸
15	黎	リ レイ くろい	黎明 黔黎
20	礫	レキ つぶて	瓦礫
11	鹵	ロ しお しおち	鹵莽 沢鹵
19	廬	リョ ル ロ いおり	出廬
19	隴	リョウ ロウ おか	隴畝
20	瓏	ロウ	玲瓏
24	靄	アイ もや	靄然 朝靄
16	噯	アイ おくび	噯気
12	幄	アク とばり	帷幄
12	貽	イ のこす	貽訓
19	蘊 薀	ウン	蘊藉 蘊籍
23	鱛	えそ	—
9	衍	エン はびこる	衍字 敷衍
14	鞅	オウ むながい	鞅掌
18	甕	オウ かめ もたい	甕天 一甕

画数	漢字	読み	用例
4	戈	カ / ほこ	干戈
13	衙	ガ / つかさ	衙門 / 官衙
12	喙	カイ / くちばし	容喙
16	獪	カイ / わるがしこい	老獪
16	薤	カイ / らっきょう	薤上
5	艾	ガイ / おさめる / かる / もぐさ / よもぎ	艾年
13	睚	ガイ / まなじり	睚眥
16	駭	カイ / ガイ / おどろかす / おどろく	震駭
14	幗	カク / かみかざり	巾幗

画数	漢字	読み	用例
20	纃	かすり	纃模様
11	戛（戞）	カツ / うつ	戛戛
12	蛞	カツ	蛞蝓
5	叺	かます	—
6	奸	カン / おかす / よこしま	奸黠 / 奸雄
7	罕	カン / まれ	—
17	鼾	カン / いびき	鼾声
20	鹹	カン / からい / しおからい	鹹水
5	卉（卉）	キ / くさ	芳卉 / 葩卉
11	欷	キ	欷歔
18	簣	キ / あじか / もっこ	—

画数	漢字	読み	用例
24	屭（屓）	キ / ひいき	贔屭
21	巍	ギ / たかい	巍然
23	鱚	きす	—
8	咎	キュウ / とが / とがめる	罪咎 / 見咎
10	躬	キュウ / み / みずから	躬行
16	徼	キョウ / ギョウ / めぐる / もとめる	徼幸
22	驕	キョウ / おごる	驕奢
9	亟	キ / キョク / しばしば / すみやか	亟行
15	槿	キン / むくげ	槿花

画数	漢字	読み	用例
25	釁（釁）	キン / ちぬる	釁端 / 釁隙
21	懼	ク / グ / おそれる	悚懼 / 恐懼
12	椚	くぬぎ	—
18	燻（熏）	クン / いぶす / くすぶる / くゆらす / ふすべる	燻烝 / 燻蒸
13	煢	ケイ	煢煢 / 煢然
16	薊	ケイ / あざみ	薊馬
17	闃	ゲキ / しずか	闃寂
14	竭	ケツ / つきる / つくす	竭尽
15	獗	ケツ	猖獗

21	齧	囓	ケツ ゲツ かむ かじる	齧歯
16	黔		ケン くろい	黔突 黔首
17	蹇		ケン なやむ	屯蹇 偃蹇
21	譴		ケン せめる とがめる	譴責 呵譴
8	沽		コ うる かう	沽券
12	觚	觚	コ さかずき	操觚
12	辜		コ つみ	無辜
6	扣		コウ たたく ひかえる	扣門
8	呷		コウ	—
9	洽		コウ あまねし	浹洽

14	慷		コウ なげく	慷慨
16	篝	篝	コウ かがり ふせご	篝火 鵜篝
17	嚆	嚆	コウ	嚆矢
17	覯	覯	コウ あう	稀覯 奇覯本
18	鎬		コウ しのぎ なべ	—
10	哭		コク なく	慟哭
17	蹉		サ つまずく	蹉躓 蹉跌
10	豺	犲	サイ やまいぬ	豺狼
14	摧		サイ くだく	摧破
23	纔		サイ わずか	—
14	嘖		サク さいなむ さけぶ	嘖嘖

11	逧		さこ	—
6	扨		さて	—
7	刪		サン けずる	刪潤 刪修
15	潸		サン	潸然 潸潸
24	讒		サン ザン そしる	讒謗 讒誣
18	竄		サン ザン かくれる のがれる	改竄 遯竄
20	懺	懺	サン ザン くいる	懺悔
10	舐		シ なめる ねぶる	舐犢
14	緇		シ くろ	緇衣
16	鴟	鵄	シ とび	鴟尾

18	贄		シ にえ	—
14	聢		しかと	—
11	梻		しきみ	—
11	舳		ジク チク とも へさき	舳艫
17	藉		シャ セキ かす かりる しく	蘊藉 狼藉
21	麝		シャ ジャ	麝香
9	斫		シャク きる	斫断
21	嚼		シャク かむ	咀嚼
19	鵲		ジャク かささぎ	烏鵲

19	鯱	しゃち / しゃちほこ	鯱張る
22	鬚	シュ / ス / ひげ	鬚髯 / 鬚髭
6	戍	ジュ / まもる	戍卒 / 衛戍
11	售	シュウ / うる	售買
18	蹙	シュク / セキ	顰蹙
20	齣	シュツ / セキ / くさり / こま	一齣
9	胥	ショ / ソ	胥吏
8	苴	ショ / つと	苞苴
11	猖	ショウ / くるう	猖獗
12	翔	ショウ / かける / とぶ	翔破
12	稍	ショウ / ソウ / やや	—
16	蕭	ショウ / よもぎ	蕭然
16	縟	ジョク	縟礼
8	呻	シン / うめく	呻吟
17	齔	シン	髫齔
22	籡	しんし	—
11	悴 (悴)	スイ / かじかむ / せがれ / やつれる	憔悴
5	辷	すべる	—
12	掣	セイ / セツ / ひく	掣肘
12	筬 (筬)	セイ / おさ	—
15	撕	シ / セイ	提撕
15	嘶	セイ / いななく	長嘶
17	薺	ザイ / セイ / なずな	薺粥
22	霽	サイ / セイ / はれる	霽月
13	蛻	セイ / ゼイ / ぬけがら / もぬけ	蝉蛻
13	裼	セキ / テイ / はだぬぐ	—
12	渫	セツ / さらう	浚渫
14	僭 (僭)	セン / おごる	僭越 / 僭称
12	喘	セン / ゼン / あえぐ	余喘 / 喘息
13	滄	ソウ / あおい	滄海
13	筲	ショウ / ソウ / ふご	斗筲
14	漱	ソウ / うがい / くちすすぐ / すすぐ	盥漱
9	拵	ソン / こしらえる	腹拵
6	忖	ソン	忖度
10	粏	タ	糂粏
17	懦	ジュ / ダ / よわい	怯懦
19	獺	タツ / ダツ / かわうそ	獺祭 / 獺祭忌
17	賺	タン / すかす	—
9	胝	チ / たこ	胼胝
13	雉	ジ / チ / きじ	野雉

8	帙		チツ ふまき	巻帙 書帙
11	惆		チュウ うらむ	惆悵
7	佇	竚	チョ たたずむ	佇眄
11	悵		チョウ いたむ	惆悵
15	髫		チョウ うない	髫齔
18	闖		チン	闖入
13	褄		つま	—
4	弖		て	—
17	騁		テイ はせる	馳騁 騁望
9	殄		テン つきる つくす	殄滅 殄熄
16	霑		テン うるおう	均霑
22	巓		テン いただき	山巓
11	掉		チョウ トウ ふるう	掉尾
14	綯		トウ なう	—
22	饕		トウ むさぼる	饕餮
17	獰		ドウ	獰鱗 獰猛
16	瞠		トウ ドウ みはる	瞠目
8	咄		トツ はなし	咄嗟
14	嫩		ドン ノン わかい	嫩芽 嫩緑
16	錵		にえ	—
5	叭		ハ	喇叭
8	帛		ハク きぬ	竹帛
21	驀	驀	バク	驀進 驀地
18	繙		ハン ホン ひもとく	繙閲
13	裨		ヒ	裨益
21	贔		ヒ ヒイ	贔屓
8	凭		ヒョウ もたれる よる	—
12	馮		ヒョウ フウ つく よる	馮河
16	憑		ヒョウ たのむ つく よる	信憑 憑依
15	憫		ビン ミン あわれむ うれえる	憫諒
14	榑		フ くれ	節榑
15	麩	麸	フ ふすま	田麩
16	輻		フク や	輻輳
15	髴		フツ	髣髴
6	刎		フン ブン はねる	刎頸
11	萍		ビョウ ヘイ うきくさ	浮萍
9	袂		ベイ たもと	袂別 袂接
21	霹		ヘキ	霹靂
12	胼	胼	ヘン	胼胝
18	鮸	膠鮸	ベン メン にべ	鮸膠
8	抛	拋	ホウ なげうつ ほうる	抛擲

画数	漢字	許容字体	読み	用例
15	澎		ホウ	澎湃
14	髣		ホウ	髣髴
17	謗		ホウ、ボウ、そしる	讒謗、誹謗
11	袰		ほろ	—
16	邁	邁	バイ、マイ、ゆく	高邁、英邁
16	瞞		バン、マン、あざむく、だます	欺瞞、瞞着
8	毟		むしる	—
10	耄		ボウ、モウ、ほうける	老耄
12	揶	揶	ヤ、からかう	揶揄
12	揄		ユ	揶揄

画数	漢字	許容字体	読み	用例
15	蝓		ユ	蛞蝓
15	蕕		ユウ	—
8	杳		ヨウ、くらい、はるか	杳杳、杳然
17	邀		ヨウ、むかえる	邀撃
10	烙		ラク、ロク、やく	烙印
12	喇		ラ、ラツ	喇叭
11	婪		ラン、むさぼる	貪婪
20	襤		ラン、ぼろ	襤褸
27	纜		ラン、ともづな	解纜
30	鸞		ラン	梟鸞
15	瘤		リュウ、こぶ	—

画数	漢字	許容字体	読み	用例
23	鑢		リョ、ロ、やすり	—
15	凜	凛	リン	凜冽
16	褸		ル、ロウ	襤褸
13	誄		ルイ、いのりごと、しのびごと	誄文、誄詞
8	囹		レイ	囹圄
24	靂		レキ	霹靂
17	縺		レン、もつれる	—
22	艫		ロ、とも	舳艫
17	螻		ル、ロウ、けら	—
19	壟		リョウ、ロウ、うね	壟断

画数	漢字	許容字体	読み	用例
18	穢		アイ、エ、ワイ、きたない、けがれる	汚穢、滓穢
20	鐚		ア、しころ、びた	鐚銭
25	靉		アイ	靉靆
19	藹		アイ	藹然
16	縊		イ、くびる、くびれる	縊死
18	彝	彜	イ、つね	彝倫、秉彝
18	鵤		いかる	—
7	佚		イツ、テツ	安佚
5	圦		いり	—
9	禹		ウ	舜禹

18	繧		ウン	繧繝
13	裔		エイ すえ	末裔 裔冑
19	瀛	瀛	エイ うみ	東瀛 瀛海
11	掖		エキ わき わきばさむ	誘掖
9	奕		エキ ヤク	奕棋 奕奕
12	腋		エキ わき	腋下
13	魞		えり	—
9	爰		エン ここに	爰許
11	婉		エン	婉曲
17	轅		エン ながえ	轅門
13	嗚		オ ああ	嗚咽

14	嘔		オウ ク うたう はく	嘔歌
16	甌		オウ かめ ほとぎ	酒甌
12	颪		おろし	—
9	柯		カ え えだ	枝柯
13	廈	厦	カ いえ	大廈
13	遐		カ とおい はるか	遐陬 遐壌
15	蝸		カ ラ かたつむり	蝸角
12	傀		カイ おおきい くぐつ	傀儡
16	懈		カイ ケ おこたる だるい	懈怠

17	邂		カイ あう	邂逅
2	乂		ガイ おさめる かる	乂安
11	啀		ガイ いがむ	—
17	嬶		かか かかあ	嬶天下
9	恪		カク つつしむ	恪勤
20	蠖	蠖	カク ワク	尺蠖
19	覈		カク しらべる	検覈 考覈
17	馘		カク くびきる	馘首
23	攫		カク さらう つかむ	攫取
12	愕		ガク おどろく	愕然
12	萼	萼	ガク うてな	花萼

16	諤		ガク	諤諤
15	蝎		カツ さそり	蛇蝎
11	裃		かみしも	—
7	呏		がろん	—
7	旱		カン ひでり	旱害
10	悍		カン あらい あらあらしい	鷙悍
12	喊		カン さけぶ	吶喊
12	酣		カン たけなわ	酣酔
13	戡		カン かつ	戡定
15	嫺	嫻	カン ならう みやびやか	嫺雅
19	瀚		カン ひろい	浩瀚

画数	漢字	読み	用例
10	耆	キ　シ　おいる　たしなむ	耆宿
12	逵	キ　おおじ	大逵
17	覬	キ　のぞむ	覬覦
21	饋	キ　おくる	饋糧
19	鵗	きくいただき	—
9	拮	キツ　ケツ	拮抗
6	屹	キツ　そばだつ	屹立
16	謔	ギャク　たわむれる	諧謔
8	穹	キュウ　そら	蒼穹
11	毬	キュウ　いが　まり	手毬
9	矜	キョウ　キン　あわれむ　ほこる	矜持
15	僵	キョウ　たおれる	僵仆
19	疆	キョウ　さかい	疆界
18	竅	キョウ　あな	九竅　七竅
19	嚮 嚮	キョウ　コウ　さきに　むかう	嚮導
18	翹	ギョウ　つまだてる	翹望
8	竏	きろりっとる	—
8	瓩	きろぐらむ	—
10	衾	キン　ふすま	衾雪
16	擒	キン　とらえる　とりこ	生擒
24	衢	ク　ちまた　みち	六衢　街衢
9	炯 烱	ケイ　あきらか	炯炯
12	笄 笄	ケイ　こうがい	金笄
14	夐	ケイ　はるか	夐然　夐絶
18	蟪	ケイ	蟪蛄
14	覡	ケキ　ゲキ　かんなぎ　みこ	巫覡
3	孑	ケツ　ゲツ	孑孑
7	抉	ケツ　えぐる　こじる	抉剔
10	訐	ケツ　あばく	—
19	譎	キツ　ケツ　いつわる	譎詐　譎詭
9	姸 妍	ケン　ゲン　うつくしい	嬋姸
10	娟	エン　ケン　うつくしい	嬋娟
11	眷	ケン　かえりみる	眷属　眷顧
10	眩	ゲン　くれる　くらむ　くるめく　まばゆい　まぶしい　めまい	眩暈
8	刳	コ　えぐる　くる	刳形
11	蛄	コ	蟪蛄
12	琥	コ	琥珀
14	箍	コ　たが	—
10	圄	ギョ　ゴ	囹圄

6	扛	コウ あげる	扛鼎
7	汞	コウ	昇汞
7	肓	コウ	膏肓
9	狡	コウ こすい ずるい	狡猾
10	倥	コウ	倥偬
10	逅	コウ	邂逅
13	溘	コウ	溘焉
14	熕	コウ おおづつ	砲熕
11	梏	コク てかせ	桎梏
3	兀	コツ ゴツ	兀立
14	榾	コツ ほた	榾火

16	鮗 鮗	このしろ	—
13	榀	こまい	—
17	鮴	ごり	—
14	滾	コン たぎる	—
14	褌	コン ふんどし みつ	—
11	猜	サイ そねむ ねたむ	猜疑 猜忌
11	釵	サ サイ かんざし	釵子
22	灑	サイ シャ そそぐ	灑掃 瀟灑
17	簀	サク す すのこ	簀子
13	盞	サン さかずき	一盞 酒盞
12	跚	サン	蹣跚

16	簒	サン セン うばう	簒奪 簒弑
29	爨	サン かしぐ かまど	爨室 炊爨
9	咨	シ はかる	咨問
9	咫	シ あた た	咫尺
13	嗜	シ たしなむ	嗜好
13	嗤	シ わらう	嗤笑
15	嘴	シ くちばし はし	—
22	鷙	シ	鷙鳥 鷙悍
18	邇	ジ ニ ちかい	邇言
16	膩	ジ ニ あぶら	粉膩 垢膩
10	桎	シツ あしかせ	桎梏

13	瑟	シツ	瑟瑟
8	岫	シュウ くき	山岫
13	遒	シュウ せまる つよい	遒勁
15	皺	シュウ スウ しわ しわむ	皺襞
14	聚	シュウ ジュ あつまる あつめる	聚斂
23	讎 讐	シュウ あだ むくいる	仇讎 復讎
12	絨	ジュウ	絨毯
5	朮	シュツ ジュツ チュツ おけら	蒼朮

画数	漢字	読み	用例
20	鰆	シュン さわら	—
14	墅	ショ ヤ しもやしき	山墅 別墅
16	嶼	ショ しま	島嶼
10	悚	ショウ おそれる	悚然 悚懼
14	慴	ショウ おそれる	慴伏 震慴
15	憔	ショウ やつれる	憔悴
15	霄	ショウ そら	霄壤
16	霎	ショウ ソウ	霎時
16	踵	ショウ かかと くびす	—
17	檣	ショウ ほばしら	檣楼
18	蹤	ショウ あと	先蹤
20	瀟 瀟	ショウ	瀟洒 瀟灑
9	拯	ショウ ジョウ すくう	—
20	攘	ジョウ ぬすむ はらう	攘夷
27	驤	ジョウ あがる	—
12	寔	ショク まことに	—
22	贖	ショク あがなう	贖罪
9	哂	シン わらう	哂笑
15	膵	スイ	膵臓
9	穽	セイ おとしあな	陥穽
13	晳	セキ しろい	白晳
11	紲 絏緤	セツ きずな	羈紲
14	截	セツ きる たつ	截然
8	疝	サン セン	疝痛
10	倩	セイ セン うつくしい つらつら	—
12	筌	セン うえ	筌蹄
14	銛	セン もり	—
15	潺	サン セン	潺湲
17	氈	セン	毛氈 緋毛氈
18	瞻	セン みる	瞻望
21	鐫	セン ほる	鐫録
21	饌	サン セン そなえる	饌米
20	蠕	ジュ ゼン	蠕動
8	咀	ショ ソ かむ	咀嚼
14	愬	サク ソ うったえる	—
9	怱 悤	ソウ	怱忙
11	傯	ソウ	倥傯
14	粽	ソウ ちまき	笹粽
15	諍	ショウ ソウ いさめる いさかい	諫諍
16	噪	ソウ さわぐ	喧噪
16	輳	ソウ	輻輳
21	囃	ソウ はやす はやし	—

4	仄		シキ ショク ソク かたむく ほのか ほのめかす ほのめく	仄日
19	蹲		シュン ソン うずくまる つくばい つくばう	蹲踞
8	沱		タ ダ	滂沱
13	瑇	瑇玳	タイ	瑇瑁
16	頹	頽	タイ くずれる	頹廃
24	靆		タイ	靉靆
17	薹		タイ ダイ とう	—
16	餒		ダイ うえる	凍餒
18	謫		タク チャク せめる	流謫 謫所
17	蟎		だに	—
11	啖	啗	タン くう くらう くらわす	啖呵
12	毯		タン	絨毯
16	澹		タン あわい	暗澹
13	輊		チ	軒輊
15	褫		チ うばう	褫奪 褫魄
21	魑		チ すだま	魑魅
17	蟄		チツ チュウ かくれる	蟄居 啓蟄
17	鍮		チュウ トウ	真鍮
13	楮		チョ こうぞ	楮幣
8	佻		チョウ かるい	軽佻
14	漲		チョウ みなぎる	怒漲
16	雕		チョウ わし	雕琢
20	躅		チョク	躑躅 蹢躅
15	鴆		チン	鴆毒
20	鶫		つぐみ	—
11	羝		テイ	—
10	剔		テキ えぐる	抉剔
22	覿		テキ あう	覿面
9	硲		でしぐらむ	—
12	跌		テツ つまずく	蹉跌
18	餮		テツ	饕餮
10	涅		デツ ネ ネツ	涅槃
12	覘		テン うかがう のぞく	覘望
15	篆		テン	小篆
14	睹	覩	ト みる	目睹 逆睹
24	蠹	蠧	ト きくいむし	蠹毒 蠹虫
11	偸		チュウ トウ ぬすむ	偸盗
12	棠		トウ ドウ やまなし	海棠
13	滔		トウ はびこる	滔滔
16	縢	縢	トウ かがる	—
17	擣		トウ うつ つく	擣衣 擣碪

画数	漢字	読み	用例
14	慟	トウ ドウ なげく	慟哭
17	鴇	とき	—
11	訥	トツ どもる	訥弁
8	爬	ハ かく	爬虫類
8	佩	ハイ おびる はく	佩剣
12	湃	ハイ	澎湃
18	擺	ハイ ひらく	擺脱
16	憊	ハイ ヘイ つかれる	困憊 倦憊
9	珀	ハク	琥珀
15	魃	ハツ バツ	旱魃
18	鎺	はばき	鎺金
20	鰚	はらか	—
11	絆	ハン バン きずな ほだす	羈絆
18	蹣	ハン バン マン よろめく	蹣跚
17	臂	ヒ ひじ	—
17	麋	ビ ミ おおじか	麋鹿
17	繆	ビュウ ボク リョウ	綢繆 綱繆
17	藐	バク ビョウ ミョウ	藐視
17	擯	ヒン しりぞける	擯斥
20	繽	ヒン	繽紛
24	顰	ヒン ビン しかめる ひそみ ひそめる	顰蹙
14	孵	フ かえす かえる	孵化
13	鳧（鳬）	フ かも けり	鳧燕 鳧脛
15	嘸	ブ ム さぞ	—
15	劈	ヘキ さく つんざく	劈頭
19	襞	ヒャク ヘキ ひだ	皺襞
12	湎	ベン メン おぼれる	沈湎
13	黽	ビン ベン ボウ	黽勉 蛙黽
11	冕	ベン かんむり	冕服
10	旁	ホウ ボウ かたがた かたわら つくり	旁引
12	焙	ハイ ホイ ホウ あぶる	焙煎
12	迸（迸）	ヘイ ホウ ほとばしる	迸出
13	滂	ホウ ボウ	滂沱
14	榜	ボウ ホウ ふだ	—
16	甍（甍）	ボウ モウ いらか	連甍
20	鶩	ブ ボク あひる	鶩列 鶏鶩
13	瑁	マイ	瑇瑁
14	幔	バン マン	幔幕

画数	漢字	読み	用例
9	瓱	みりぐらむ	—
20	鰘	むろあじ	—
11	莽 莽	ボウ モウ	鹵莽 草莽
17	簗	やな	—
13	腴	ユ こえる	膏腴
16	覦	ユ	覬覦
12	釉	ユウ うわぐすり	釉薬
11	裄	ゆき	—
16	壅	ヨウ ふさぐ	壅塞
23	靨	ヨウ えくぼ	片靨
23	邏	ラ めぐる	邏卒 警邏

画数	漢字	読み	用例
17	儡	ライ	傀儡
10	埒 埓	ラチ ラツ かこい	放埒
14	犖	ラク	卓犖
20	籃	ラン かご	揺籃
22	巒	ラン	遠巒
23	欒	ラン	団欒
10	莅	リ のぞむ	—
12	詈	リ ののしる	罵詈
14	漓	リ	淋漓
16	罹	リ かかる	罹患
18	擽	リャク レキ くすぐる	—

画数	漢字	読み	用例
18	嚠	リュウ	嚠喨
14	蓼	リク リョウ たで	—
16	燎	リョウ かがりび	燎原
14	綸	リン いと	綸言
11	唳 唳	レイ	鶴唳
18	藜	レイ あかざ	藜羹
20	櫪	レキ かいばおけ くぬぎ	馬櫪
23	轤	ロ	轆轤
20	朧	ロウ おぼろ	朧月
18	轆	ロク	轆轤
11	欸	アイ ああ	欸乃

画数	漢字	読み	用例
13	遖	あっぱれ	—
10	郢	エイ	郢曲
20	贏 贏	エイ あまる かつ	贏輸
9	殃	オウ わざわい	殃禍
8	邯	カン	邯鄲
14	箝	カン ケン はさむ	箝口令
17	癇	カン ひきつけ	癇癖
18	檻	カン おり	獣檻
18	櫃	キ ひつ	米櫃
8	疚	キュウ やむ やましい	哀疚
18	瓊	ケイ たま に	瓊葩

10	17	14	14	11	14	15	16	16	16	25
郤	檄	甄（甄）	犒	盒	瑣	輜	篩	赭	瘴	躡
ケキ ゲキ	ケキ ゲキ ふれぶみ	ケン すえ	コウ ねぎらう	ゴウ さら	サ ちいさい	シ	シ ふるう ふるい	シャ あか あかつち	ショウ	ジョウ ふむ
内郤	檄文	甄別	犒労	飯盒	瑣末	輜重	篩骨	赭髯	瘴気	—

15	21	13	9	12	21	15	15	17	21
箴	贐	瘁	砌	猩	躋	瘠	瘡	蹌	贓
シン いましめる はり	シン ジン はなむけ	スイ つかれる	サイ セイ みぎり	ショウ セイ	サイ セイ のぼる	セキ やせる	ショウ ソウ かさ くさ	ショウ ソウ	ソウ ゾウ
箴言	—	尽瘁	—	猩紅熱	躋攀	瘠地	蓐瘡	蹌踉	贓品

18	15	22	14	13	22	9	15	15	14	13
轌	鄲	躓	輒（輙）	遉	躑	砘	遯	樊	鄙	睥
そり	タン	チ つまずく	チョウ すなわち	テイ さすが	テキ	とん	トン ドン のがれる	ハン まがき	ヒ いやしい ひな	ヘイ にらむ
—	邯鄲	蹉躓	輒然	—	躑躅	—	遯竄	樊籠	鄙吝	睥睨

13	12	15	11	13	21	10	21	15	11
辟	琺	瞑	軛	瑶（瑤）	瓔	珞	櫺	輦	琅（瑯）
ヒ ヘキ	ホウ	ミョウ メイ メン くらい つぶる	アク ヤク くびき	ヨウ たま	エイ ヨウ	ラク	リョウ レイ れんじ	レン てぐるま	ロウ
辟易	琺瑯	瞑目	羈軛	瑶玉	珠瓔	—	櫺窓 窓櫺	輦轂	琳琅

◆「漢字検定」「漢検」は、公益財団法人 日本漢字能力検定協会の登録商標です。

◆お問い合わせについて

※ご質問内容によって、すぐにお答えできない場合があります。

※本書の掲載外の事柄についてはお答えいたしません。あらかじめご了承ください。

※字体や部首の採点は、日本漢字能力検定協会発行の『漢検 漢字辞典』『漢検要覧 1／準1級対応』『漢検要覧 2～10級対応』に示すものを正解とする漢検の基準に従っています。

編集協力　岡野秀夫

漢字検定［1級・準1級］

編　者　資格試験対策研究会
発行者　髙橋秀雄
編集者　和田奈美子
発行所　高橋書店
〒112-0013　東京都文京区音羽1-26-1
編集 TEL 03-3943-4529 / FAX 03-3943-4047
販売 TEL 03-3943-4525 / FAX 03-3943-6591
振替 00110-0-350650
http://www.takahashishoten.co.jp/

ISBN978-4-471-27464-1

※本書についての問合せ　土日・祝日・年末年始を除く平日9：00～17：30にお願いいたします。
内容・不良品／☎03-3943-4529（編集部）
在庫・ご注文／☎03-3943-4525（販売部）